Jochen Thies

HELMUT SCHMIDT'S RÜCKZUG VON DER MACHT

Das Ende der Ära Schmidt aus nächster Nähe

BONN AKTUELL

CIP-Kurztitelaufnahme der Deutschen Bibliothek

Helmut Schmidts Rückzug von der Macht:
Das Ende der Ära Schmidt aus nächster Nähe / Jochen Thies
– Stuttgart: Bonn Aktuell, 1988
ISBN 3-87959-376-0

Verlag BONN AKTUELL
Dezember 1988
ISBN 3-87959-376-0

im Vertrieb der Modernen Verlagsgesellschaft
8910 Landsberg/Lech

Umschlaggestaltung: Gruber & König, Augsburg
Gesamtherstellung: Ebner Ulm

Inhalt

Für Brigitte und Nora

Vorbemerkung

Am 14. Oktober 1980 erhielt ich in meinem Londoner Urlaubsdomizil einen Anruf des Bundeskanzleramtes. Man bat mich, am kommenden Tag nach Bonn zu kommen, da Staatssekretär Manfred Schüler mich kennenzulernen wünsche. Damit nahm ein Abenteuer seinen Lauf, das ich nun, acht Jahre danach, mit der Vorlage dieses Buches zu einem vorläufigen Abschluß bringen möchte.

Aus meiner damaligen Sicht handelte es sich tatsächlich um ein Abenteuer. Denn ich gab eine unbefristete Tätigkeit als ARD-Journalist zugunsten eines zeitlich befristeten Vertrags im Bundeskanzleramt auf, dessen Konditionen der Programmdirektor des Bayerischen Rundfunks kopfschüttelnd zur Kenntnis nahm. Da ich keine Beurlaubung für meine Tätigkeit in Bonn erhielt, ging ich ein Risiko ein, das zumindest partiell die relativ persönlich gehaltene Darstellung erklären mag. Genauso, wie ich ins Bundeskanzleramt gekommen war, verließ ich es übrigens auch wieder, ohne einen Anspruch, erneut auf eigene Faust. Damit dürfte ich unter den Mitarbeitern des Bundeskanzleramts ein relativ seltener Fall gewesen sein.

Als Redenschreiber für Helmut Schmidt hatte ich als ausgebildeter Historiker und Schüler von Andreas Hillgruber Gelegenheit, vielleicht noch ein wenig näher als Arnulf Baring an ein operierendes Machtzentrum heranzurücken, seine Abläufe zu studieren und die handelnden Akteure zu beobachten. Die Pläne, meine Erfahrungen in einem Buch festzuhalten, wurden zunächst aus mehreren Gründen zurückgestellt. Zum einen hatte ich Verständnis für den Ärger von Helmut Schmidt über sogenannte »Indiskretins« und fühlte mich ihm verpflichtet, zum anderen schien mir aber auch zunächst die erforderliche Distanz für ein Buch zu fehlen, in dem zwei Ebenen zusammenzubringen waren, nämlich die Beschreibung konkreter Erfahrungen wie der Versuch, die zwei Jahre in der Nähe von Helmut Schmidt historisch zu deuten, sowohl hinsichtlich individueller Züge wie auch für die Gesamtgeschichte.

Aus der Rückschau neige ich zu der Annahme, daß Helmut Schmidt mit der Organisationsstruktur im Bundeskanzleramt, mit der Anlage des Geschäftsverteilungsplans, im Grunde genommen ein Buch wie das nun vorliegende nicht gewollt hat. Einem absolutistischen Fürsten nicht unähnlich, hatte er vor, der Nachwelt ein Bild von sich und seiner Regierungszeit in Form eines »Spiegels« zu hinterlassen, dessen Grundzüge er bestimmte. Zwei Annahmen sprachen dafür, daß dies beinahe geglückt wäre. Auf der Ebene der Bundesminister und Staatssekretäre war eine Publikation, die mit dem vorliegenden Buch zu vergleichen wäre, nicht zu erwarten. Denn der mit Herrschaftsabsicherung und weiterem Aufstieg befaßte Politiker wird sich niemals die Zeit für jene Beobachtungen nehmen, die ich notiert habe. Da auf der Referentenebene des Kanzleramtes selbst bei den Ghostwritern das bürokratische Element dominierte, kommen nur wenige Personen dafür in Frage, den letzten sozialdemokratischen Bundeskanzler aus nächster Nähe zu skizzieren.

Dennoch erscheint es mir unzweifelhaft, daß zahlreiche Zufälle mir dazu verholfen haben, Helmut Schmidt – gewissermaßen aus der zweiten Linie kommend und nur gelegentlich an die Ränder des inner circle vorstoßend – zu beschreiben. Entscheidende Voraussetzung dazu war die Verfügung des Bundeskanzlers, daß ihn bei Inlandsreisen ein Mitglied der Gruppe 03, also der Redenschreiber, zu begleiten hatte. Daher befanden sich die Redenschreiber gegenüber den übrigen Mitarbeitern des Bundeskanzleramtes in einer Sonderrolle. Denn auf den Ebenen der Referats-, Gruppen- und Abteilungsleiter gab es 1980/82 nur selten die Gelegenheit zu Kontakten mit dem Bundeskanzler. Nur so konnte ich Chronist von Ereignissen werden, die sich gewissermaßen am »Hofe« Helmut Schmidts, also im Bundeskanzleramt und auf Reisen, abgespielt haben.

Als Bundeskanzler Helmut Schmidt am 1. Oktober 1982 infolge des konstruktiven Mißtrauensvotums stürzte, war ich sein dienstältester Redenschreiber. Nicht zuletzt aufgrund der gerade wiederaufgeflammten Debatte um die Gründe des Scheiterns der sozialliberalen Koalition, aber auch deswegen, weil aus dieser Perspektive wohl kein anderes Buch über Helmut Schmidt geschrieben werden dürfte, habe ich mich dazu entschlossen, diese Miniaturen und Momentaufnahmen über den sozialdemokratischen Politiker niederzulegen, die ich mit längerfristigen Überlegungen verbinde.

Die Entstehungsgeschichte des Buches kennt eine ganze Reihe von Helfern, die sich dessen zumeist gar nicht bewußt sind, die ich an dieser Stelle jedoch nicht unerwähnt lassen möchte. Mein besonderer Dank gilt Dr. Heinz Bäuerlein, dem Leiter des Studio Bonn des Bayerischen Rundfunks, und Frau Erika Schmid-Helch sowie Hans Tschech und der gesamten Politischen Redaktion des Senders in München, die mich immer wieder zu jenen Themen ermuntert haben, die sich nun in dem Buch wiederfinden. Schließlich wäre ohne die Aufträge durch den BR das Dasein als freier Journalist nach dem Machtwechsel in Bonn sehr viel schwieriger gewesen.

Ich möchte aber auch anderen Mitarbeitern von ARD-Rundfunkanstalten an dieser Stelle für die vielfältigen Arbeitschancen danken, die sie mir in den Jahren 1983 bis 1985 gewährt haben, und nenne stellvertretend: vom Deutschlandfunk in Köln Bernhard Wördehoff und Otto Toussaint; vom Westdeutschen Rundfunk in Köln Claus Stiebler † und Alfred Weber; vom Studio Bonn des Südwestfunks Peter Frei sowie Norbert Winter von der Zentrale in Baden-Baden; vom Studio Bonn des Hessischen Rundfunks Dr. Raimund Klinkhammer und Paulheinz Middeldorf sowie Walter Tauber von der Politischen Redaktion in Frankfurt; vom Bonner Studio von Radio Bremen Peter Schnell; vom Studio Bonn des Saarländischen Rundfunks Hans Bursig; von der Deutschen Welle in Köln Claus-Dieter Gersch; vom Süddeutschen Rundfunk in Stuttgart Helmut Jacobi sowie Peter Hopen, den Leiter des Bonner ZDF-Studios.

Besonderer Dank gebührt jedoch den Professoren Arnulf Baring, Berlin, Klaus Hildebrand, Bonn, und Wolfgang Jäger, Freiburg i. Br., die den Entstehungsprozeß des Buches ermunternd und kritisch begleitet haben.

Mein abschließender Dank gilt meinem Herausgeber, Dr. Wolfgang Wagner, und der Redaktion des EUROPA-ARCHIV, namentlich Frau Christine Esclavy, die mit großem Einfühlungsvermögen die Reinschrift des Manuskripts besorgt hat. Das Register erstellte Dr. Martin Mantzke.

Grundlage für das Buch bildeten Tagebuchnotizen, die ich während der Zeit im Bundeskanzleramt angefertigt habe, sowie vorbereitendes, selbst erstelltes Material für Kanzlerreden, das ich bei meiner Arbeit in der Gruppe 03 gesammelt habe. Dazu traten Hörfunkbeiträge zu einzelnen Aspekten, die vor allem 1983 verfaßt worden sind. Ergänzt und systematisiert wurden diese Quellenbestände dann im Laufe des Jahres 1988.

Collioure/Bonn, im Oktober 1988

Das Ende

Normalerweise ist der Einflug hinunter nach Bonn direkter. Aber heute fliegt der Hubschrauber des Bundesgrenzschutzes vom Typ »Puma« eine weite Linkskurve über dem Nachthimmel der Bundeshauptstadt, aus dem unvermittelt das Lichtermeer eines großen Volksfestes auftaucht. Es heißt »Pützchens Markt« und liegt auf dem rechtsrheinischen Ufer unweit des Stadtteils Bonn-Beuel. Wir alle pressen unsere Gesichter an die Kabinenfenster, als die Maschine zur allgemeinen Überraschung eine weitere Runde über den Festplatz fliegt. Und fast will es einem vorkommen, daß man bei der extremen Schräglage, die der französische Großraumhubschrauber nun eingenommen hat, selber in einem der Riesenräder oder in den Karussells und Berg- und Talbahnen hockt, die unter uns, mit unzähligen bunten Lämpchen illuminiert, im Zeitlupentempo vorbeiziehen.

Der Kanzler, der mir in der Mitte des Hubschraubers gegenübersitzt, schaut versonnen hinunter. Mit seiner Lotsenmütze auf dem Kopf sieht der Hamburger so aus, wie ihn die deutsche Fernsehnation kennt. Aber wie die anderen schiebe ich an diesem späten Abend des 13. September 1982 den Gedanken weit von mir, daß sich Helmut Schmidt nur noch wenige Tage im Amt befinden wird. Als der Hubschrauber wenige Minuten später über den Rhein huscht und sanft auf der großen Wiese im Garten des Palais Schaumburg aufsetzt, geschieht noch etwas Ungewöhnliches. Denn entgegen seiner sonstigen Gewohnheit erhebt sich der Bundeskanzler nicht sofort, um mit seiner schweren, dickbauchigen Aktentasche in Begleitung von zwei Leibwächtern den Weg in den nahen Bungalow anzutreten. Statt dessen bleibt er sitzen, nachdem er den Kopfhörer abgesetzt hat, der ihn während des

Fluges vor dem Lärm der Rotoren geschützt hat. Helmut Schmidt hört weder das Klicken der Sitzgurte, noch realisiert er für Sekundenbruchteile, daß die anderen Insassen der Maschine, die ihn zu einer Wahlkampfveranstaltung nach Kassel begleitet haben, sein Verhalten genau registrieren. Dann jedoch, als wenn er sich beim Blick auf die hohen Bäume im Park, die auf dieser Seite zusammen mit einer mannshohen Ziegelmauer das Grundstück des Bundeskanzleramtes zum Sitz des Bundespräsidenten, der Villa Hammerschmidt, begrenzen, ertappt fühlte, springt der Kanzler unvermittelt auf. Mit einem kurzen militärischen Tippen an die Mütze verschwindet er im Dunkel der Nacht.

Wenige Tage später, als sich die Dramaturgie der beiden Wochen bis zum 1. Oktober 1982, dem Tag der Abstimmung über das konstruktive Mißtrauensvotum, abzuzeichnen beginnt, erhalten jene Reisen einen zusätzlichen Symbolgehalt, die ich mit dem Bundeskanzler in den ersten Septembertagen unternommen bzw. vorbereitet habe. Denn kurz nachdem Helmut Schmidt in der letzten Augustwoche aus dem Sommerurlaub vom Brahmsee zurückgekehrt war, wurde beispielsweise eine ganztägige Unternehmung für Südhessen angesetzt, bei der es weniger um den Einsatz des Bundeskanzlers im dortigen Landtagswahlkampf ging. Im Vordergrund stand an diesem Tag, dem 2. September, der Abschied Helmut Schmidts von einem langjährigen Freund und politischen Weggefährten, dem Darmstädter Oberbürgermeister Günther Metzger.

Ich hatte Günther Metzger bereits im Frühjahr 1981 getroffen, als ich Vorkehrungen für den Besuch des Bundeskanzlers, der in einer Sporthalle am Böllenfalltor stattfinden sollte, traf. Darmstadt befand sich im März 1981 im Kommunalwahlkampf. Und für Helmut Schmidt war es eine Ehrensache, dem ehemaligen stellvertretenden Vorsitzenden der SPD-Bundestagsfraktion beim Kampf um den Sessel des Oberbürgermeisters zu helfen. Doch am Tag vor der Kanzlerreise nach Darmstadt im Frühjahr 1981 war der noch amtierende Oberbürgermeister Heinz-Winfried Sabais, eine seltene Mischung von Politiker und Literat, gestorben, so daß der Besuch von Helmut Schmidt kurzfristig abgesagt werden mußte. Eineinhalb Jahre später holte ihn der Bundeskanzler nun nach.

Wir waren früh am Morgen aufgebrochen, weil Helmut Schmidt zunächst am Rande des gleichzeitig stattfindenden Kirchentages in Düsseldorf mit Ruhr-Bischof Hengsbach zusammentraf. Währenddessen warteten wir auf dem Gelände einer Bundeswehr-Fernmeldekaserne in den Ausläufern des Bergischen Landes auf die Rückkehr des Kanzlers, die sich erheblich hinauszögerte. Endlich tauchte die Eskorte wieder auf, und wenige Minuten später startete der Hubschrauber nach der Verabschiedung durch den Bataillonskommandeur Richtung Darmstadt.

Die Landung auf dem Gelände der Berufsfeuerwehr, in der Stadtmitte, war eine fliegerische Meisterleistung. Denn allzu viel Platz war dort nicht vorhanden, wie selbst der ruhige Pilot, ein Bundesgrenzschutzoffizier, anschließend einräumte. Wie immer, galt es danach auf Draht zu sein, ein Begleitfahrzeug zu besteigen, um den Anschluß an die Kanzlereskorte nicht zu verpassen. Wenige Minuten später hielten wir vor dem Deutschen Polen-Institut in Darmstadt, begrüßt durch den Leiter der Einrichtung, Karl Dedecius, und die ZEIT-Herausgeberin Marion Gräfin Dönhoff. Viel Zeit für seinen Antrittsbesuch und Gespräche im Polen-Institut, für dessen Errichtung sich Helmut Schmidt persönlich stark engagiert hatte, blieb dem Bundeskanzler jedoch nicht. Denn es gab an diesem Vormittag des 2. September 1982 ein Problem mit Dänemark zu lösen, wofür der Kanzler einem mitgeflogenen Ministerialdirigenten aus dem Bundeskanzleramt Instruktionen erteilte. Wenige Stunden später setzte sich dann der Vermittler im Fischereistreit mit den Skandinaviern, Hans-Jürgen Wischnewski, in Marsch.

Ganz programmunüblich setzte sich die kleine Bonner Delegation danach nicht ins Auto, sondern steuerte den nächsten Darmstädter Gesprächstermin zu Fuß an, in der Akademie für Sprache und Dichtung auf der Mathildenhöhe. Hier hatte sich eine Gruppe von führenden deutschen Literaten versammelt, mit denen Helmut Schmidt unvermittelt in ein packendes Gespräch einstieg, bei dem mir Gabriele Wohmann durch ihre klugen Fragen und Antworten besonders auffiel. Auch wenn der Dialog aufgrund der sehr begrenzten Zeit einige Themenfelder nur streifen konnte, bleiben die Selbstverständlichkeit des Umgangs miteinander, die außerordentliche Kompetenz des Bundeskanzlers bei diesem Gespräch über literarische Fragen sowie der warmherzige Empfang durch die Schriftsteller in Darmstadt in bleibender Erinnerung.

Doch der Tag in Darmstadt sollte noch eine weitere Steigerung erfahren, in Form des Besuchs einer Ausstellung von Graham Sutherland, die der Magistrat der Stadt Darmstadt in Zusammenarbeit mit der Londoner Tate Gallery zustande gebracht hatte. Vor allem die Porträtserie ab 1949, in der auch Konrad Adenauer vorkommt, zog den Bundeskanzler an, und lange verweilte der England-Liebhaber vor den Bildern, ehe er dann sein Redemanuskript aus der Tasche zog, um auf die freundliche Begrüßung durch Günther Metzger, dessen Vater nach dem Zweiten Weltkrieg in den Jahren 1945 bis 1948 erster Oberbürgermeister von Darmstadt gewesen war, zu reagieren.

Dank der unmittelbaren Nähe zum Kanzler bei Reden und Reisen durch die Bundesrepublik Deutschland zog an meinen Augen in knapp zwei Jahren nahezu das gesamte politische Personal des Landes vorbei, zu dessen beeindruckendsten Persönlichkeiten für mich Günther Metzger gezählt hat. Der heute 55jährige gebürtige Darmstädter würde zweifellos zum Führungskreis der SPD gehören, wenn ihn nicht eine schwere Erkrankung seiner Frau Mitte der 70er Jahre zum Rückzug aus Bonn gezwungen hätte. Aber auch angesichts harter privater Rückschläge sind solche Entscheidungen unter Bonner Politikern ja keineswegs üblich. Dem passionierten Sportler und gelernten Juristen gelang es dann jedoch, die jäh beendete Karriere in seiner Vaterstadt fortzusetzen und nach einem vorübergehenden Zusammenspiel mit den Grünen eine klare SPD-Mehrheit in Darmstadt zurückzuerobern. Mich hat Günther Metzger, dessen Frau glücklicherweise wieder gesund ist, vor allem dadurch beeindruckt, daß er menschliche Wärme ausstrahlt und ein persönliches Interesse an seinem Gegenüber hat, Eigenschaften, wie sie in den Reihen der SPD selten genug anzutreffen sind. Als ich zum ersten Mal in sein Darmstädter Büro kam, begrüßte er mich wie einen alten Bekannten, deutete auf einen Teller mit Berlinern, die in Südhessen natürlich ›Krebbel‹ heißen, und sagte im unverwechselbaren Idiom seiner Heimat: »Sezze Se sich, und greife Se zu.«

Mühelos hüpfte der Hubschrauber nach Abschluß des Besuchs auf der Mathildenhöhe über die Höhenzüge des Odenwaldes nach Michelstadt, hart an der Grenze zu Bayern, wo wir schon nach zehn Minuten landeten. Ein Beitrag, der wenige Tage später in der ARD über diese Wahlkampfveranstaltung in Südhessen ausgestrahlt wurde, gab nur sehr unvollständig die ungeheure Begeisterung wieder, die dem Bundeskanzler hier in der Provinz, in einer typischen deutschen Kleinstadt, entgegenschlug. Als ob die Menschen ahnten, daß sie Helmut Schmidt zum letzten Mal als Bundeskanzler sehen könnten, säumten sie vom Flugplatz die mehrere Kilometer lange Strecke bis zum Hotel »Nibelungen«, wo es in Anwesenheit des örtlichen Kandidaten, Günter Zabel, der ein bombensicheres Mandat besaß, und weiterer SPD-Spitzenfunktionäre das übliche Vorgespräch gab.

Beim Einmarsch in die Michelstädter Sport- und Vereinshalle herrschten dann bayerische Verhältnisse. Obwohl Helmut Schmidt nur die übliche Standardrede hielt, wuchs der Beifall zum Orkan, wenn er die Stimme auch nur leicht hob. Selbstverständlich ließ dieses Mitgehen des Publikums in der bierzeltartigen Atmosphäre den Kanzler nicht unbeeindruckt. Ein Spitzenpolitiker ist im günstigen Fall ein Redner, der sich auf den Anlaß einstellt. Helmut Schmidt nahm daher vorübergehend, ohne jedoch seine Identität preiszugeben, Züge von Franz Josef Strauß an, und das begeisterte Publikum dankte es ihm.

Entgegen seiner Gewohnheit ließ er sich auch noch von seinen hessischen Parteifreunden zu einem erneuten Aufenthalt in dem nahegelegenen Hotel überreden, wo bei Bier und Coca-Cola für den Redner die Anspannung und Erschöpfung nach seiner mehr als einstündigen Rede wich. Auch in dieser Umgebung jederzeit den richtigen Ton treffend, zeigte sich der Kanzler noch einmal in großartiger Form. Und für einige Stunden hatte es den Anschein, als habe er die Bonner Sorgen vergessen. Kurz vor Mitternacht kehrten wir mit dem Hubschrauber an den Rhein zurück.

Wenige Tage später, am 9. September, begleitete ich Helmut Schmidt zu einem seiner letzten öffentlichen Auftritte als Bundeskanzler in Bonn. Es war einer dieser sonnendurchfluteten Spätsommertage, wie man sie in der Bundeshauptstadt oft erleben kann. Der politische Betrieb nach der Sommerpause steckt dann noch in seinen Anfängen, so daß die Spitzenpolitiker auch Zeit für kleinere Termine haben, zum Beispiel eine Buchpräsentation.

Aber auch hier handelte es sich um einen besonderen Anlaß, denn die Autorin des Buches, das einige Schritte vom Bundeskanzleramt entfernt in der Parlamentarischen Gesellschaft vorgestellt wurde, hieß Helga Timm. Die parlamentarische Geschäftsführerin der SPD-Bundestagsfraktion gehörte zu den langjährigen Weggefährten von

Helmut Schmidt, hatte mit ihm zusammen in der Nachkriegszeit in Hamburg studiert und hielt eines der wenigen Direktmandate, die Frauen bei den Bundestagswahlen 1980 erobert haben, in Südhessen. Weitaus wichtiger an diesem Tag war jedoch das Thema, das Helga Timm bei der Neuauflage ihrer Dissertation, die von einem Düsseldorfer Verlag präsentiert wurde, behandelt hatte, nämlich: »Die deutsche Sozialpolitik und der Bruch der Großen Koalition im März 1930«.

Dieses Buch, das die Studienfreundin von Helmut Schmidt 1952 zum ersten Mal veröffentlicht hatte, erfuhr natürlich unter den spezifischen Verhältnissen, die in Bonn wenige Tage vor dem Auseinanderbrechen der sozialliberalen Koalition herrschten, eine zusätzliche Bedeutung. Zwar vermied der Bundeskanzler bei seinen Ausführungen, so gut es ging, den aktuellen Bezug. Aber schon seit mehreren Monaten war mir aufgefallen, daß Helmut Schmidt das Schicksal des letzten sozialdemokratischen Reichskanzlers der Weimarer Republik, Hermann Müller-Franken, vor Augen schwebte. Nachdem der Bundeskanzler mehrmals von sich aus auf die Ereignisse des Jahres 1930 zu sprechen gekommen war, hatte ich ihm in seine Reden eine entsprechende Passage plaziert, die er fortan niemals ausließ. Aber an diesem 9. September, unter den Scheinwerfern des Fernsehens, die binnen weniger Minuten den Anwesenden den Aufenthalt in den Räumen der Parlamentarischen Gesellschaft verleideten, zog es der Bundeskanzler als gelernter Volkswirt vor, sein Steckenpferd zu reiten. Er redete über die Theorie von John Maynard Keynes, die 1930 auch in Deutschland bekannt war, von den Nachfolgern Hermann Müller-Frankens jedoch nicht befolgt wurde, bis Adolf Hitler die Voraussetzungen für jene Legende schuf, derzufolge schon bald nach der »Machtergreifung« Vollbeschäftigung in Deutschland herrschte.

Obwohl der Andrang in der Parlamentarischen Gesellschaft zunächst außerordentlich groß war, zerstreuten sich die Journalisten sehr schnell, die vor allem wegen der Ereignisse im Bundestag am Morgen erschienen waren. Helmut Schmidt dagegen verweilte noch einige Minuten unter den zahlreichen prominenten Historikern, die zu der Buchvorstellung von Helga Timm gekommen waren. Als er sich schließlich in Begleitung von Karl Dietrich Bracher, dem bekannten Bonner Politikwissenschaftler, zu einem Vieraugengespräch zurückzog, das von zwei Leibwächtern abgeschirmt wurde, hatte es den Anschein, daß den Kanzler genau jene Parallele bewegte, die er bei seiner Laudatio für das Buch von Helga Timm tapfer unterdrückt hatte: die Frage, ob die SPD unter schwierigen Bedingungen in der Lage ist, unbefriedigende Kompromisse zu schließen, um an der Macht zu bleiben, oder Recht zu haben – in der Opposition. Eines der wichtigsten Bücher, die Karl Dietrich Bracher geschrieben hat, behandelt übrigens das Ende der Weimarer Republik.

Die letzte Reise, auf der ich den Kanzler begleitete, ging, wie schon erwähnt, am 13. September 1982 nach Kassel. Außer dem Kanzler befanden sich an Bord des Hubschraubers Holger Börner, der massige, gemütvolle Ministerpräsident des Landes, der sein politisches Überleben dem Einsatz von Helmut Schmidt verdankte, Wolfgang Clement, der Sprecher des Parteivorstandes der SPD, zwei Mitarbeiter des Bundespresseamts, der »Reisemarschall« des Kanzlers, ein Amtsrat, sowie ein für die Sicherheit zuständiger Beamter und ich.

Nach gutem Flug landeten wir im Bereich einer Heereskaserne der Bundeswehr und wurden von einem Generalmajor, offenbar dem Divisionskommandeur, begrüßt. Als wir zu einer Autokolonne gingen, die uns zur Kasseler Stadthalle befördern sollte, erkundigte sich der Kanzler noch einmal nach dem Namen des Generals. Offenbar war ihm der Offizier in der Zeit als Verteidigungsminister begegnet. Jedenfalls zeigte sich der Kanzler ein wenig erstaunt über seine Karriere. Vermutlich hatte er noch die meisten Namen jener Generalstäbler im Kopf, die zu Beginn der 70er Jahre Oberst gewesen waren. Durch die menschenleere Stadt fuhren wir zu der Wahlveranstaltung, an der rund 3000 Menschen teilnahmen. Hans Krollmann, Stellvertreter Börners und Vorsitzender des SPD-Bezirks Hessen-Nord, leitete den Abend ein. Nach ihm kam Börner, ehe sich der Kanzler ins Zeug legte und den Saal zu Serienapplaus hinriß.

Vergleichsweise kühl verlief anschließend der Kontakt mit dem Bonner Pressekorps, das eigens für diesen Anlaß herbeigeschafft worden war. Obwohl der Kanzler die Fragen mühelos parierte, wirkte er leicht gereizt und zog es nach einiger Zeit vor, Einzelgespräche zu führen. Dabei ließ er, wie so oft, eine klare Präferenz für Zeitungsjournalisten spüren und setzte sich an einen Tisch mit dem Chefreporter der Süddeutschen Zeitung, Hans Ulrich Kempski. Bald darauf kehrten wir mit der üblichen Polizeieskorte zum Kasernenbereich am Rande der Stadt zurück und flogen nach Bonn heim.

Ungeachtet aller Anzeichen für ein Auseinanderbrechen der Koalition stellte sich das Problem für die Entourage des Kanzlers nur sehr bedingt. Zum einen war man verpflichtet, seinen Auftrag zu erfüllen, und noch war Helmut Schmidt ja im Amt. Dann dachte man aber auch an das gescheiterte Mißtrauensvotum des Jahres 1972 und an den schwierigen Abstimmungsprozeß in den Reihen der Liberalen, inmitten dessen sich die Parteispitze unter der Führung von Hans-Dietrich Genscher befand.

Ein dritter, entscheidender Gesichtspunkt, der noch heute auf die Arbeit der elektronischen Medien in der Bundesrepublik seinen Schatten wirft, war schließlich die politische Sozialisation meiner Generation, der 68er Generation. Wir konnten uns einfach nicht vorstellen, daß die Zeit der sozialliberalen Koalition abgelaufen war. Bei der letzten Versammlung der SPD-Betriebsgruppe des

Bundeskanzleramts in einem Lokal der Bonner Südstadt ein paar Tage später verstieg sich ein Ministerialrat zu der Aufforderung, daß man Widerstand gegen die zu erwartende Regierung Kohl leisten müsse. Dem widersprach der Vorsitzende der Gruppe kühl und direkt mit vollem Nachdruck. Aber die Szene war symptomatisch für das, was sich in den Köpfen der 35- bis 40jährigen in der Nähe der Schaltstellen der Macht in Bonn damals, Ende September 1982, abspielte. Denn nun entdeckte mancher, was es heißt, Beamter zu sein. Die Loyalitätsfrage hatte sich für ihn bis dahin einfach nicht gestellt. Da es diesen Zwang für Journalisten nicht gibt, lebt mancher noch heute in der Traumwelt seiner Jugendjahre.

Als sich die Hinweise auf das Ende der sozialliberalen Koalition spätestens seit dem 16. September verdichteten, zog im Kanzlertrakt eine unwirkliche Stimmung ein. Personen waren nun in der Nähe des Bundeskanzlers zu beobachten, die man bis dahin zumindest nicht in dieser Frequenz hatte feststellen können. So nistete sich zum Beispiel der Privatarchivar von Helmut Schmidt, ein Bonner Politikwissenschaftler, im Zimmer neben dem Kanzlerbüro ein, um jenes Archivmaterial zu sichten, das noch vor dem 1. Oktober in das Archiv von Helmut Schmidt in seinem Haus in Hamburg-Langenhorn befördert werden sollte. Es rückten aber nun auch einige andere Mitarbeiter des Kanzlers enger an ihn heran, teils in der Erwartung und Hoffnung, für geleistete Dienste auch nach seiner möglichen Abwahl mit einer sicheren Position ausgestattet zu werden, teils mit dem Ansinnen, auch künftig in seiner Nähe zu verbleiben.

Andere wiederum, wie die Mitglieder der Gruppe 03, also die Insassen der sogenannten »Schreibstube« im Bundeskanzleramt, hatten so zu tun, als ob der Betrieb normal weiterliefe. Dennoch ertappte ich mich in diesen Tagen immer wieder bei Zweifeln, ob es noch einen Sinn habe, an einer Rede für den Bundeskanzler weiterzuarbeiten, die in der ersten Oktoberwoche zur Eröffnung der Frankfurter Buchmesse gehalten werden sollte. Sie wurde am Ende zwar nicht ganz fertig, weil wir buchstäblich bis zur letzten Minute an der letzten Regierungserklärung des Bundeskanzlers saßen. Aber es ist ein schwacher Trost, daß die Vorarbeiten für Frankfurt nicht umsonst waren. Denn Helmut Schmidt ließ es sich nicht nehmen, wenige Tage nach seinem Bonner Sturz die Rede dennoch zu halten.

Bei einer der sogenannten »Morgenlagen«, dem Treffen des Chefs des Bundeskanzleramtes mit den sechs Abteilungsleitern und einigen weiteren Mitarbeitern, gab Staatssekretär Gerhard Konow die Parole aus, sich fortan nur noch auf die Arbeit von Tag zu Tag zu konzentrieren. Mehr sei angesichts der ungewissen politischen Konstellation nicht drin. Noch einmal leisteten wir in diesen Tagen Dienst nahezu rund um die Uhr, um die Rede zur »Lage der Nation« für den 9. September vorzubereiten. Wie immer war der Bundeskanzler bis tief in die Nacht hinein an der Erarbeitung der Schlußfassung beteiligt, die sich dieses Mal jedoch von ihren Vorgängerinnen unterschied. Denn der erste Teil wurde nicht an den Koalitionspartner FDP ausgeliefert. Der Kopie, die in den frühen Morgenstunden dieses Spätsommertages Bundesaußenminister Hans-Dietrich Genscher im Bonner Vorort Pech zugeleitet wurde, fügte der Bundeskanzler ein handschriftliches Deckblatt hinzu. Es enthielt nur einen Satz: »Sehr geehrter Herr Genscher, ad usum Delphini – Ihr Helmut Schmidt.«

In unseren Räumen breitete sich in den letzten Septembertagen ein Klima aus, das mir ganz und gar nicht gefiel und das ich als »Kolberg«-Stimmung bezeichnen möchte. So wie in den zurückliegenden Monaten, als die Koalition wiederholt vom Auseinanderbrechen bedroht war, wurden auch jetzt, wenige Tage vor dem endgültigen Aus, Durchhalteparolen ausgegeben, Zweifel an dem

Ausgang des Mißtrauensvotums mit Appellen an Nibelungengesinnung konterkariert. Das machte die Arbeit nicht leichter. Da die Redenschreibertruppe jedoch mit Arbeit überhäuft war, verging auch die Nacht vom 30. September auf den 1. Oktober sehr schnell. Um 5.45 Uhr war die Regierungserklärung für den Bundeskanzler schließlich fertig.

Wir zerstreuten uns für einige Stunden, ehe ich, wie häufig zuvor, hinter der Fahnenstange auf der letzten Reihe der Regierungsbank im Plenarsaal des Bundeshauses meinen Platz bezog, jedoch bald darauf in das Kanzlerbüro zwei Etagen höher wechselte. Denn nun trafen die ersten Lieferungen der Parlamentsstenographen zur Kanzler-Rede ein. Ich hatte den Text zu redigieren, der anschließend über den persönlichen Referenten des Kanzlers, der sich ebenfalls auf den hinteren Rängen der Regierungsbank befand, an Helmut Schmidt zurückwanderte.

Wie in einem Zeitrafferfilm schien an diesem Tag die jahrzehntelange politisch-parlamentarische Laufbahn von Helmut Schmidt noch einmal zusammengefaßt zu werden, gab es mutige Manifeste der Freundschaft und der Sympathie, wie sie besonders eindrucksvoll von Hildegard Hamm-Brücher, dieser gewiß nicht unkomplizierten, aber um so eindrucksvolleren Frau, am 1. Oktober 1982 vorgetragen wurden. Nur einen Augenblick lang entlud sich am Vormittag die ungeheure Anspannung des Kanzlers, als er ans Rednerpult stürzte und eine jener Attacken gegen die Noch-Opposition richtete, die von der Leidenschaft und von der Rhetorik her an die ersten großen Auftritte von Helmut Schmidt in den 60er Jahren erinnerten. Die Abläufe dieses Tages vollzogen sich jedoch mit einer unvermeidlichen Konsequenz, der klassischen antiken Tragödie nicht unähnlich.

Die Entscheidung kam am 1. Oktober 1982 kurz nach 15 Uhr. Ich erlebte sie Seite an Seite mit Manfred Lahnstein, der wenige Monate zuvor, zum letzten Aufgebot zählend, den Sessel im Kanzleramt mit dem des Bundesfinanzministers vertauscht hatte. Wir vernahmen beide den Ausgang der Stimmenauszählung von den verschiebbaren Glasscheiben her, die den Plenarsaal nach Norden begrenzten. Stumm wandte ich mich danach ab, um die wenigen Meter zu meinem Büro allein zurückzulegen. An der Wache zum Bundeskanzleramt begegneten mir mehrere Sekretärinnen von der sogenannten Leitungsebene. Sie schämten sich ihrer Tränen nicht.

Von den Reden, die ich federführend und weitgehend auf mich gestellt für den Bundeskanzler geschrieben habe, ist für mich vor allem jene wichtig, die er am 4. Oktober gehalten hat, bei der Übergabe des Amtes an Helmut Kohl. Während der frischgebackene Bundeskanzler auf den Zehen wippte und mit zunehmender Ungeduld auf den entscheidenden Augenblick wartete, zeigte sich Helmut Schmidt auch bei dieser Zeremonie als jener Staatsmann, wie ihn die Nation in den Tagen zuvor erlebt hatte. Der für ihn emotional schwierigste Moment muß übrigens der Abschied von der Bundeswehr am 1. Oktober gewesen sein, weniger die Übergabe der Amtsgeschäfte an Helmut Kohl drei Tage später.

Auch bei dieser Rede auf mein Gespür angewiesen, was Helmut Schmidt spontan bei seinem Abschied sagen würde, hatte ich mich am Ende dazu entschlossen, eine Passage zu formulieren, in der davon die Rede war, daß mit Helmut Kohl nun die Nachkriegsgeneration in der deutschen Politik zum Zuge kommen würde. Zu meiner Überraschung griff Helmut Schmidt diesen Gedanken auf und übernahm auch den nachfolgenden Satz, wonach dies eine Chance sein könne.

In der nun folgenden Woche brach die Schmidt-Mannschaft schnell auseinander, warteten die Abteilungsleiter, die Ministerialdirektoren auf ein Telefonat und einen Gesprächstermin, bei dem ihnen die Versetzung in den einstweiligen Ruhestand ohne nähere Begründung mitgeteilt würde. Von Widerstand gegen die neuen Herren war jedenfalls nicht viel zu spüren. Der Anfang Februar 1983 von einigen erhobene Vorwurf, es seien Türen und Schreibtische aufgebrochen worden, es habe somit ein »Klein-Watergate« im Kanzleramt gegeben, brach schnell in sich zusammen. Das lag auch daran, daß sich die neue Mannschaft im Einzelfall als persönlich sehr liebenswürdig herausstellte. Vor allem Eduard Ackermann, der engste Mitarbeiter von Helmut Kohl, zeigte viel Einfühlungsvermögen für jene, die über viele Jahre hinweg in einem besonderen Treueverhältnis zum Kanzler gestanden hatten. So gab es im Kanzleramt nicht den Kahlschlag, den die Sozialdemokraten 1969 betrieben hatten, sondern einen langsamen Übergang und Umgewöhnungsprozeß, der über mehrere Jahre anhielt.

Das letzte Treffen Helmut Schmidts mit seinen bisherigen engen Mitarbeitern fand am Abend des 19. Oktober 1982 im Kanzlerbungalow statt. Der Abend nahm einen gespenstischen Verlauf. Auf der einen Seite die heterogene Crew von schätzungsweise 50 Mann, vom Kraftfahrer bis zum Ministerialdirektor, auf der anderen Seite der Exkanzler, der mit seiner neuen Situation nicht zurechtkam. In deutlicher Distanz zum Pulk der Weggefährten, hier und da im kurzen Gespräch mit einem einzelnen Mitarbeiter, wirkte der frühere Bundeskanzler wie eine Raubkatze, die im Zoo unter klaustrophobischen Gefühlen leidet und einem Löwen gleich unablässig am Gitter entlangschreitet. Nur Loki Schmidt trug mit ihrer keineswegs gespielten Fröhlichkeit dazu bei, daß der Abend einigermaßen über die Bühne lief. Denn das eigentliche Medium, der bisherige Bundeskanzler, verabschiedete sich bald ganz. Wie mir schon bei einer früheren Zusammenkunft der engsten Mitarbeiter des Kanzlers in einem Bonner Studentenlokal aufgefallen war, verband uns, von Ausnahmen abgesehen, so gut wie nichts. Ganz darauf ausgerichtet, zu reagieren, immerwährende Bereitschaft an den Tag zu legen in der Hoffnung, das gelegentliche Wohlwollen des Kanzlers zu erregen, hatten sich die Sekretärinnen und Referenten selbst nichts zu sagen. Die Nähe zur Macht hat, wenn das Licht einmal nicht günstig fällt, etwas sehr Hohles, Beklemmendes.

Das Scheitern von Helmut Schmidt hat sehr viele Gründe. Und natürlich kann man es sich bei der Suche nach den Ursachen nicht so leicht machen, wie es Klaus Bölling getan hat, der es eigentlich sehr viel besser wissen müßte, daß nicht die FDP letzten Endes den Sturz von Helmut Schmidt ausgelöst hat, sondern die eigene Partei, in der Helmut Schmidt zeitlebens als Außenseiter gegolten hat. Und ein ähnliches Bild vom »Genossen Schmidt« hatte ja auch die öffentliche Meinung in der Bundesrepublik Deutschland.

Das hat sehr viel mit der jüngeren deutschen Geschichte und dem Erlebnis des Zweiten Weltkriegs zu tun. Denn die Jugendjahre in Uniform trugen meiner Meinung nach zusammen mit dem Faible Helmut Schmidts für alles Britische dazu bei, daß sich der ehemalige Oberleutnant der Wehrmacht für die SPD in Hamburg, in der Britischen Zone, entschied. Er selbst hat dies einmal auf den Punkt gebracht mit der Formulierung: »Keiner hatte sich die Politik als Beruf erwählt, aber wir wurden – ohne daß wir es so geplant hätten – unversehens zu politischen Menschen.« Selbst in der schwächsten Stunde von Willy Brandt, im Mai 1974, als Helmut Schmidt der Nachfolger im Bundeskanzleramt wurde, hat er keine Chance gehabt, auch nach dem Parteivorsitz zu greifen. Dazu besaß er einfach die falsche Biographie. Daß dies Vorteile für ihn während seiner Kanzlerschaft hatte, die er erkannte und nutzte, steht auf einem anderen Blatt. Helmut Schmidt trug jedenfalls mit an der »Last der Nation«. Und bezeichnenderweise hat die SPD bis Anfang der 80er Jahre gebraucht, um das verlorengegangene Zutrauen zur Historie, den noch im Unterbewußtsein marxistisch gefärbten Glauben in den Sinn der Geschichte wiederzugewinnen. Aber in ihrem Führungspersonal hat sich die jüngere deutsche Geschichte immer widergespiegelt. Willy Brandt hatte einfach den unschlagbaren Vorteil, das »andere Deutschland« zu vertreten, so daß Oskar Lafontaine seinem Stellvertreter Helmut Schmidt ungestraft die Sekundärtugenden eines KZ-Wächters bescheinigen konnte.

Daher ist am 1. Oktober 1982 mehr geschehen als nur ein Kanzlersturz: Es war der Beginn des Abschieds der Kriegsgeneration von der Politik, der Abgang der Leutnants und Oberleutnants des Jahres 1945, die vor allem in den Reihen der SPD immer als »Noskes« beargwöhnt worden sind. Helmut Schmidt war ihre Galionsfigur.

In der Rückbetrachtung sieht es aber auch so aus, als ob die 68er Generation, die Enkel des Parteivorsitzenden Willy Brandt, mit dem Sturz von Helmut Schmidt jene Figur des Über-Vaters beseitigt haben, dem sie im direkten Schlagabtausch nie gewachsen waren. Wer Helmut Schmidt in den Jahren 1981/82 zu den Bezirksparteitagen der SPD begleitet hat, von der ersten Rücktrittsdrohung in Recklinghausen am 16. Mai 1981, falls die Partei die Gefolgschaft beim Vollzug des NATO-Doppelbeschlusses verweigere, bis zum Raketenparteitag nach Köln am 19. November 1983, der weiß, daß der Kanzler bis zum Schluß in der Lage war, jede Mehrheit zu kippen, die sich beim Betreten der Säle zunächst gegen ihn aufrichtete. Aber es war ein vergeblicher Kampf, weil Schmidt die Unterstützung durch die Partei und hier vor allem durch die Bonner Zentrale fehlte. Die Friedensbewegung und die Kultivierung von Ängsten sind entstanden, weil es an entschlossener Meinungsführerschaft bei der SPD gefehlt hat. Helmut Schmidt alleine konnte die Last nicht reißen. Aber es ist anzunehmen, daß eine Partei mit den preußischen, zentralistischen Tendenzen, wie sie in der SPD noch immer schlummern, widerborstige

Landesverbände hätte von Bonn aus durchaus steuern können. So bleibt das für den Beobachter aus nächster Nähe Packende und Erregende an dem Kanzlersturz von Helmut Schmidt, daß sich hier noch einmal völlig unterschiedliche Segmente der deutschen Geschichte aneinanderrieben, sich aufschichteten und überlagerten. In seiner Bereitschaft, den Weg bis zum bitteren Ende zu gehen, Kompromißmöglichkeiten mit seiner Partei nicht genügend zu prüfen und sich statt dessen im Amt zu verzehren, haften Helmut Schmidt schließlich auch wilhelminische Züge des »Alles oder Nichts«, des »Augen zu und durch« an.

Das alles hat ihm den Respekt der Deutschen eingetragen, Verehrung und Zuneigung, wie Willy Brandt sie zu seinen besten Zeiten genoß, jedoch nicht. Dazu war er zu fordernd, gegenüber sich selbst wie auch seinem Umfeld, ja der ganzen Bundesrepublik, die es Anfang der 80er Jahre vorzog, die Rolle einer »größeren Schweiz« zu spielen anstatt sich den Herausforderungen von Gegenwart und Zukunft zu stellen. Die Kennzeichnung als Hanseat, zu der er selber kräftig beigetragen hat, trifft daher nur sehr bedingt den Kern seiner Persönlichkeit. Denn im Grunde genommen ist an ihm, dem gläubigen Protestanten, viel Preußisches. Im Guten wie im Schlechten scheint Helmut Schmidt somit manche Gemeinsamkeit mit dem ehemaligen Reichskanzler Fürst von Bismarck zu haben. Rein zufällig hat auch der Wahlkreis von Helmut Schmidt in Hamburg-Bergedorf an den Sachsenwald gegrenzt, in dem Bismarck auf Gut Friedrichsruh residierte. Und auf ein Gut, so hat Helmut Schmidt 1964 in einem Gespräch mit Günter Gaus bekannt, hätte er sich gern einmal zurückgezogen.

Natürlich wird die Schlußphase der Kanzlerschaft von Helmut Schmidt am Ende meiner Darlegungen noch einmal im Mittelpunkt der Betrachtungen stehen, wird es auch darum gehen, ob er den Anstoß zum endgültigen

Auseinanderbrechen der sozialliberalen Koalition gab oder nicht. Aber dies ändert nichts an der Vorwarnung, daß in den folgenden neun Kapiteln nicht Sensationen oder Enthüllungen beabsichtigt sind, sondern der Versuch, aus persönlichem Erleben Pinselstriche zu einem Bild der Persönlichkeit des Kanzlers anzubringen, das unter den prüfenden Augen nachfolgender Historiker zumindest partiell Bestand haben sollte.

Daneben gestattet dieses Buch den »Blick ins Atelier«, wie es ein hervorragender Kenner der Ära Schmidt formuliert hat, dem ich das Manuskript vor der Veröffentlichung zu lesen gab. Derartiges ist in angelsächsischen Ländern üblich, während in der Bundesrepublik die Tabugrenzen hier allzu niedrig angesetzt sind und so gar nicht zur öffentlich vielbeschworenen Transparenz von politischen Entscheidungsprozessen in der Demokratie passen wollen.

Die weit über die Person von Helmut Schmidt hinausreichende Bedeutung der Darstellung scheint mir ferner darin zu liegen, daß es bei den Erinnerungen an die Jahre 1980/82 an der Seite von Helmut Schmidt mit dem anschließenden Versuch einer Wertung auch um das Thema Politik in der Fernsehdemokratie geht. Der Stellenwert dieses Themas wird, wenn der Eindruck nicht täuscht, in den kommenden Jahren eher noch zunehmen. Daher steht hinter der Publikation auch so etwas wie die Absicht, die Inszenierung der Politik durchschaubarer zu machen, das »Atelier« gewissermaßen mitzubedenken, wenn der große Kommunikator im Fernsehen erscheint.

Im Kanzleramt

Ein leichter Schneeregen ging auf das Bonner Regierungsviertel herab, als ich mich am 1. Dezember 1980 an der Bundesgrenzschutzwache des Bundeskanzleramtes zum Dienstantritt meldete. Im Halbdunkel des Wintermorgens passierte ein BMW die Kontrolle in dem Augenblick, in dem ich mich nach Erhalt eines vorläufigen Dienstausweises gerade meinem neuen Arbeitsplatz zuwenden wollte. Hinter der heruntergekurbelten Scheibe erkannte ich Rolf Breitenstein, den Chefredenschreiber des Bundeskanzlers. »Viel Glück«, tönte es mir entgegen, und dann fuhr das Fahrzeug auch schon wieder an. Vorbei an der Skulptur »Large two forms« von Henry Moore ging ich auf den massigen Bau des Bundeskanzleramtes zu, der mir noch immer einen gewissen Respekt einflößte, auch wenn ich mir bei meinem Vorstellungsgespräch Mitte Oktober keineswegs wie in einem riesigen Sarkophag vorgekommen war, so wie Dieter Lattmann, der Münchner Schriftsteller und ehemalige Bundestagsabgeordnete der SPD, in seinen »Aufzeichnungen aus Bonn am Rhein« die Regierungszentrale gekennzeichnet hat.

Die unheimliche Stille, die mir auf den Gängen des Kanzlerflügels bei der ersten Stippvisite im Hause begegnet war, empfing mich jedoch nun wieder. Ich brauchte einige Zeit, mich an diesen Zustand nach dem Trubel in der politischen Redaktion einer ARD-Rundfunkanstalt zu gewöhnen. Zum Glück gab es zunächst auch keine zu schwierigen Aufgaben zu bewältigen, denn im Kanzleramt, so merkte ich schnell, herrschte eine totale Katerstimmung nach der Regierungserklärung vom 24. November, die in den Medien und in der deutschen Öffentlichkeit vollständig verrissen worden war. Es war nur ein schwacher Trost, daß dies im Grunde genommen bei allen vorangegangenen Regierungserklärungen ähnlich gewesen war, wenn man von der Ludwig Erhards im Herbst 1963 einmal absieht, wie Nachforschungen des Bundespresseamtes ergaben. Alles sehnte sich nach der Weihnachtspause, so daß ich in Ruhe meine beiden ersten kleinen Reden für den Bundeskanzler vorbereiten konnte. Vieles kam mir noch unwirklich vor, und oft ging mein Blick hinaus durch die großen Glasscheiben des Büros, das direkt hinter der Schleuse an der sogenannten »Seufzerbrücke« lag, die den Kanzlerflügel vom sogenannten Abteilungsbau der Regierungszentrale trennte. Etwa 50 Meter Luftlinie von mir entfernt, auf der anderen Seite der Etage, durfte ich mich fortan also in unmittelbarer Nähe von Bundeskanzler Helmut Schmidt wähnen. Aber es sollte noch einige Zeit dauern, bis ich meinen neuen obersten Dienstherrn zum erstenmal persönlich zu Gesicht bekam.

Dazu kam es am 16. Dezember bei einer vorweihnachtlichen Feier in der Bonner Landesvertretung der Freien und Hansestadt Hamburg, für die ich dem Kanzler ein paar Grußworte entworfen hatte, nach dem Debüt anläßlich einer Ansprache des Bundeskanzlers im Schuppen 80 des Hamburger Brasil-Terminals am 5. Dezember. Dort, auf dem Gelände der Reedereigruppe Hamburg-Süd, hatte der Kanzler seinen Helfern während des Bundestagswahlkampfes seinen Dank abgestattet. Aber nun war ich das erste Mal beim Redeanlaß zugegen, und es überfiel mich jene Spannung, die bei allem Frust und aller Last das eigentlich Reizvolle des Redenschreiberdaseins für einen Spitzenpolitiker ausmacht: Was wird der Kanzler sagen und – was wird er von deiner Vorlage übernehmen? Und tatsächlich hatte ich an diesem Abend mein erstes Erfolgserlebnis. Denn bei den Recherchen für die Rede war ich auf eine hübsche Anekdote gestoßen, die sich auf einen der ersten Bonn-Besuche von Helmut Schmidt überhaupt bezog. Sie ging auf eine

Dienstreise des damaligen Leiters des Amtes für Verkehr in Hamburg im Jahre 1952 zurück und auf die damit verbundene Bitte von Helmut Schmidt, auf einer Couch unter dem Dach der Bonner Vertretung Hamburgs nächtigen zu dürfen. Der Leiter der Hamburger Landesvertretung, ein bekannter hanseatischer Rechtsanwalt, beschied das Gesuch jedoch abschlägig und soll es folgendermaßen begründet haben: »Der ist noch viel zu jung, der muß erst 'mal ein Mensch werden.«

Das Gespräch mit dem Kanzler am Rande der Veranstaltung kam auf Vermittlung des persönlichen Referenten von Helmut Schmidt zustande. Und natürlich bot mir die Anekdote die Möglichkeit zum Einstieg in die Begegnung. Der Kanzler zeigte sich erneut amüsiert, mochte die Geschichte hinsichtlich ihres Wahrheitsgehalts jedoch weder bestätigen noch dementieren. Die ersten Sätze über unsere künftige Zusammenarbeit waren dann schnell ausgetauscht. Vorgewarnt und ermahnt vom persönlichen Referenten, das Gespräch mit dem sichtlich ermüdeten Kanzler nicht zu lange auszudehnen, zog ich mich sodann in einen Pulk von Kollegen zurück, die ich von meinen ersten Bonner Wochen her schon kannte. Plötzlich tippte mir von hinten jemand auf die Schulter. Es war ein für die Sicherheit des Bundeskanzlers zuständiger Beamter, der mein erstes Gespräch mit Helmut Schmidt auf dem Photo festgehalten hatte. Leider war das Bild, das ich einige Tage später erhielt, ein wenig unscharf.

Obwohl ich mich in der Hierarchie des Bundeskanzleramtes mit einer dem Regierungsdirektor vergleichbaren Position als Angestellter mit zeitlich befristetem Vertrag allenfalls im Mittelfeld befand, war ich andererseits hinsichtlich meiner Beobachtungsmöglichkeiten als Zeitzeuge der beiden letzten Jahre der sozialliberalen Koalition in einer komfortablen Situation. Auf Reisen mit dem Kanzler verbrachte ich Hunderte von Stunden in seiner unmittelbaren Nähe, selten allein mit ihm, aber oft in der Intimität eines kleinen Kreises. Einblicke in die Regierungsmaschinerie verschafften mir die gelegentliche Teilnahme an der sogenannten »Morgenlage« im Bundeskanzleramt sowie seltenere Anwesenheiten bei Sitzungen der SPD-Bundestagsfraktion, während es im Auftrag des stellvertretenden SPD-Vorsitzenden, der Helmut Schmidt ja auch war, so gut wie keine Kommunikation mit der Parteizentrale gab.

Dabei lernte ich das Bundeskanzleramt mit seinen sechs Abteilungen und rund 480 Mitarbeitern als eine Mannschaft mit einem gewissen Korpsgeist kennen, die hinsichtlich ihrer Effizienz, der Kompetenz ihrer Mitarbeiter, aber auch was Motivation und Fähigkeit zur Zusammenarbeit betrifft zu Beginn der 80er Jahre ihresgleichen gesucht haben dürfte. Natürlich gab es auch im Bundeskanzleramt Intrigen und Kampf um Einfluß. Aber gemessen an meinen bisherigen beruflichen Erfahrungen im pädagogischen Bereich, in der Welt der Wissenschaft und der elektronischen Medien hielten sich diese Konflikte in Grenzen.

Dafür sorgte Manfred Lahnstein, der Chef des Bundeskanzleramtes, mit harter Hand. Ich bekam sie bald bei einem Bericht über eine Reise mit dem Bundeskanzler zu spüren. Bei meinem ersten größeren Auftritt während der Morgenlage hatte ich im Eifer offenbar unterlassen, dabei auch durch meine journalistische Herkunft und Respektlosigkeit vor »großen Tieren« geprägt, Schmidt mit Titel zu nennen und die halblaute Ermahnung des Staatssekretärs, der wenige Meter von mir auf seinem Ledersessel mit erhöhter Lehne in der Mitte des Konferenzsaales thronte, überhört. Als mir derselbe Fehler noch einmal unterlief, unterbrach mich der Chef des Bundeskanzleramtes abrupt mit der Bemerkung: »Ich weise Sie noch einmal darauf hin, daß Sie ›Herr Bundeskanzler Helmut Schmidt‹ zu sagen haben.« Das saß. Aber es tat gut, daß mich nach der

Sitzung zwei Ministerialdirektoren nacheinander beiseite nahmen und mir sagten, sie hätten die Intervention Lahnsteins, der nur wenige Jahre älter ist als ich, als völlig unangemessen empfunden.

Derartige Gefahren und Risiken drohten jedoch nur auf der Leitungsebene, wo meine Bewegungen und Aktivitäten vom Kanzlerbüro, dem Büro des persönlichen Referenten, vor allem jedoch von den beiden Sekretärinnen des Bundeskanzlers mißtrauisch verfolgt wurden. Worin mein Fehlverhalten lag, deutete die Bemerkung eines jungen Beamten aus der Registratur an, die hinter unserem Bürotrakt die Akten des Bundeskanzlers betreute. Er sagte mir: »Ich staune, mit welchem Selbstbewußtsein Sie hier herumlaufen. Wenn man auf dieser Etage nicht gebückt geht, dann handelt man sich Ärger ein.« Ärger, so hatte mir auch mein Amtsvorgänger beim Abschied gesagt, werde ich über kurz oder lang auch mit dem Bundeskanzler haben. Kollegen hatten dies mit dem Hinweis ergänzt, daß Schmidt ihn vor versammelter Mannschaft angeschrien habe. Man müsse dann kühl bleiben und die Philippika, sei sie berechtigt oder nicht, über sich ergehen lassen. Dazu ist es mit dem Bundeskanzler glücklicherweise nicht gekommen. Ich habe nicht eine kritische Situation zu überstehen gehabt. Aber einige Male, seien wir ehrlich, war sie nicht weit entfernt. Aber ich hatte dann das Gefühl, daß Schmidt meine Bereitschaft zum begründeten Widerspruch spürte.

Es war gegen 22 Uhr abends, als am 21. Januar 1982 das Telefon in meiner Wohnung klingelte und sich am anderen Ende der Leitung Marianne Duden, die Sekretärin des Bundeskanzlers, meldete. »Kommen Sie bitte sofort ins Büro, der Kanzler möchte Sie sprechen.« Auf meine Frage, ob ich mich noch umziehen solle, schließlich trug ich Jeans und ein kariertes Hemd, sagte die Kanzlermitarbeiterin: »Kommen Sie sofort, so wie Sie sind. Es eilt.« Ich machte mich also unverzüglich auf den

Weg ins Regierungsviertel und betrat eine Viertelstunde nach dem Anruf, mit einer hellbraunen Wildlederjacke bekleidet, das 100 Quadratmeter große Büro des Bundeskanzlers.

Weit entfernt von mir, noch getrennt durch eine Sitzgruppe, saß an der gegenüberliegenden Wand der Bundeskanzler an seinem Schreibtisch über Akten. Der Bundeskanzler musterte mich einen sehr langen Augenblick und ordnete dann an, daß ich auf der gegenüberliegenden Seite Platz nehmen solle. Meine Sorge, unvorbereitet auf Schmidt zu stoßen, was man sonst tunlichst unterließ, verflog dann jedoch rasch. Denn der Kanzler wollte ganz offenkundig mit mir nur über einen bevorstehenden Auftritt in Hamburg sprechen, eine Veranstaltung, die ihm Sorgen bereitete. Nur mühsam konnte er den Ärger über die Genossen in Hamburg unterdrücken. Für alle Fälle, so bat mich der Bundeskanzler, möge die »Schreibstube« weitere Argumentationshilfen bereitstellen und entsprechende Arbeitsaufträge an die Fachabteilungen im Hause ergehen lassen. Schwieriger als für mich gestaltete sich die Lage dann für den persönlichen Referenten des Bundeskanzlers, der nun ebenfalls hereingerufen wurde. Denn er war noch nicht ausreichend über den Ablauf der geplanten Veranstaltung in Hamburg informiert. Der Bundeskanzler knurrte ein wenig, ehe er uns mit einem prüfenden Blick verabschiedete, um sich erneut in seine Akten zu vertiefen.

Einige Wochen später war ich wiederum in seinem Arbeitszimmer, begleitet von meinem Doktorvater, dem Kölner Historiker Andreas Hillgruber, und zwei weiteren Schülern, die meine Kollegen im Bundeskanzleramt in anderen Arbeitseinheiten waren. Lieselotte Schmarsow, die dienstälteste, von manchen gefürchtete Sekretärin des Bundeskanzlers, ließ es sich nicht nehmen, der kleinen Gruppe in Abwesenheit des Bundeskanzlers das Arbeitszimmer zu zeigen. Lange standen wir vor dem Bild von August Bebel, das die Bücherwand hinter dem Arbeitsplatz des Bundeskanzlers dominierte. Und als wir wenige Minuten später beim gemeinsamen Essen in der Cafeteria des Bundeskanzleramtes saßen, zeigte sich Professor Hillgruber noch immer beeindruckt von dem Stil und dem Interieur, dem wir im Arbeitszimmer des Bundeskanzlers an diesem 22. März 1982 nachgespürt hatten.

Selbst wenn ich es wollte, könnte ich von den rund 100 Morgenlagen, an denen ich teilgenommen habe, für den zeitgeschichtlich Interessierten kaum Erhellendes berichten. Denn hier wurde jeden Tag um 9 Uhr, am Mittwoch vor der Kabinettsitzung bereits um 8.30 Uhr, während der maximal 60 Minuten, die die Sitzung dauerte, nur politisches Routinegeschäft, sprich: die Koordinierung von Terminen, betrieben. Abteilung 1, für die innere Verwaltung zuständig, schwieg zumeist. Es gab Kurzberichte der für die Außenpolitik zuständigen Abteilung 2, selten Wissenswertes von der Abteilung 3, die die Innenpolitik abdeckte. Monatelang geisterte die »Cap Anamur« hier herum, ging es um die Aufnahmequoten für die A- und B-Länder, – um einmal im Jargon der Beamten über das Flüchtlingsproblem zwischen SPD- und unionsregierten Ländern zu reden. Daß es dabei um eines der brennendsten innenpolitischen Probleme des Jahres 1981 ging, war jedenfalls kaum zu bemerken.

Etwas anders sah es bei der Abteilung 4 aus, deren Beamte zusammen mit der Abteilung 2 unter der höchsten Arbeitsbelastung im Hause litten, denn die ist in einer Behörde, selbst im Bundeskanzleramt, höchst ungleich verteilt. Es gab Ministerialräte, die bis tief in die Nächte zu arbeiten hatten, während andere mit Zeitunglesen die Zeit buchstäblich totschlugen und, wie mir Mitarbeiter glaubhaft versicherten, in einer Arbeitswoche einen Vermerk und einen sogenannten K-Brief verfaßten.

Davon konnte Hermann Heick, der Leiter der Abteilung 4, mit seiner Mannschaft nur träumen. Denn er wurde nicht nur ungerechterweise an seinem Vorgänger

Horst Schulmann, einem Währungsspezialisten, gemessen, der für den Kanzler das EWS ausgetüftelt hatte, sondern stand zusätzlich unter der Kuratel von Manfred Lahnstein, wie der Kanzler ein gelernter Ökonom. Gelegentlich setzte Heick aber auch der streitbare Leiter der Planungsabteilung, Albrecht Müller, zu. Müller, kein Beamter wie die anderen fünf Ministerialdirektoren, war zusammen mit seinen Mitarbeitern gewissermaßen der erratische Block aus der Zeit von Willy Brandt im Bundeskanzleramt. An ihn und seinen Stellvertreter, Stefan Pelny, der später der Stellvertreter des unglücklichen Heribert Hellenbroich im Kölner Bundesamt für Verfassungsschutz war, seit dem Frühjahr 1988 Leiter der Staatskanzlei in Kiel, wagte sich nicht einmal Lahnstein heran.

Eine Sonderstellung in der Runde nahm natürlich auch der Regierungssprecher ein, der ebenfalls an der Morgenlage teilnahm. Aber im Gegensatz zu Klaus Bölling bevorzugte Kurt Becker leisere Töne. Kaum in Erscheinung trat bei der Sitzung der Leiter der Abteilung 6, Gerhard Ritzel, ehemaliger Bürochef von Willy Brandt, später Botschafter der Bundesrepublik in Teheran in den Tagen der Khomeini-Revolution. Ihn nahm Lahnstein oft nach der Sitzung beiseite, um wichtige Informationen auszutauschen. So erfuhr die Morgenlage beispielsweise keine Details über die Einschätzung der Situation in Polen nach der Verhängung des Kriegsrechts im Dezember 1981.

Es herrschte somit im Bundeskanzleramt das klare Prinzip, daß jeder nur die Informationen erhielt, die für seine Arbeit unbedingt erforderlich waren. Vermutlich zeigte sich hier die meisterhafte Handschrift von Manfred Schüler, der fachlich und persönlich bei den wenigen Begegnungen, die ich mit ihm hatte, bei mir einen starken Eindruck hinterlassen hat.

Manfred Lahnstein war von Persönlichkeit, Neigung und Stil her ein ganz anderer Amtschef. Der Bonvivant, der als Student zu einer der bekanntesten deutschen Jazzbands als Posaunist gehört hatte, verbarg nur mühsam hinter seiner rheinländischen Fröhlichkeit unbändigen politischen Ehrgeiz. Daher war sein bei Interviews häufig vorgebrachter Verweis, daß er Beamter sei, eine bewußte Camouflage. Denn in Wirklichkeit war dieser jungenhafte Mann ein Seiteneinsteiger gewesen, der während der Jahre in Brüssel das politische Handwerkszeug als Kabinettschef von Wilhelm Haferkamp erlernt hatte. Als Manfred Lahnstein dann nach Bonn kam und Beamter wurde, erfolgte dies auf dem Level des Ministerialdirektors und damit des politischen Beamten. Sehr politisch hat er daher auch sein Amt aufgefaßt und dabei gleichzeitig seinen weiteren Aufstieg entschlossen und perspektivisch vorbereitet.

Gunter Huonker, gewissermaßen die Nr. 2 in der Kanzleramtshierarchie, schien mir auf seinem Posten dagegen in mehrfacher Hinsicht überfordert. Er war als Parteilinker zu Helmut Schmidt gestoßen, jedoch anscheinend schon bald von seinem Chef förmlich aufgesogen worden. Ich hatte das Gefühl, daß er unter einem Identitätsverlust litt. Auf der einen Seite wollte er zu seinen Freunden in der Fraktion Kontakt halten, auf der anderen Seite faszinierte ihn die Persönlichkeit des Kanzlers und die Machtnähe. Da er offenbar beides nicht vereinen konnte, hatte sich Huonker für Helmut Schmidt entschieden. Der bürokratische Stil der Behörde machte ihm jedoch schwer zu schaffen. Denn bis tief in die Nachtstunden sah man Huonker in seinem Büro sitzen, der unter der Bürde des Amts rasch zu altern begann. Seine Unsicherheit kam auch in der Sprache zum Ausdruck. Denn wenn sich Huonker einmal in der Morgenlage zu Wort meldete oder sie, was selten der Fall war, zu leiten hatte, lautete sein Standardsatz: »Ich würde die ›Kiste‹ so machen.«

Eine völlig andere Persönlichkeit war sein Vorgänger

und Nachfolger, Hans-Jürgen Wischnewski. Der Vorteil des wieseligen Ostpreußen gegenüber Huonker bestand zunächst einmal darin, daß er sich hinsichtlich seiner Wertschätzung beim Kanzler absolut sicher sein konnte. Wesentlich wichtiger erschien mir jedoch, daß Wischnewski aus einem schier unerschöpflichen Schatz von Erfahrungen und Personenkenntnissen profitieren konnte. Er machte Politik gewissermaßen mit dem Bauch. Wenn es irgendein Problem zu lösen galt, meldete er sich sogleich mit seiner sonoren Stimme zu Wort und erklärte, mit Herrn X oder Herrn Y Kontakt aufzunehmen. Im Vergleich zu Huonker wirkte Wischnewski wie ein Vollblutpolitiker, der überdies von der Mogadischu-Legende für den Rest seines Lebens zehren konnte. Als er 1982 ins Amt zurückkam, jubelte ein Beamter, der ihn von früher her kannte: »Gott sei Dank, jetzt brauchen wir keine Vermerke mehr zu schreiben, jetzt wird nur noch telefoniert.«

Letzter Chef des Bundeskanzleramtes war dann Gerhard Konow, ein parteiloser Beamter, der einige Zeit die Abteilung 3 des Kanzleramtes geleitet hatte, ehe er in rascher Abfolge in der Schlußphase der sozialliberalen Koalition nacheinander Senator für Bundesangelegenheiten in der kurzlebigen Regierungsmannschaft von Hans-Jochen Vogel in Berlin wurde und danach ins Bundesverkehrsministerium wechselte, ehe er nach dem Münchner SPD-Parteitag Amtschef wurde. Helmut Schmidt in seiner ganzen Persönlichkeitsstruktur und in seinen bürokratischen Neigungen nicht unähnlich, blieb dem Juristen Gerhard Konow erneut nur die Aufgabe eines Krisenmanagers, die der loyale Beamte, der längst sein Herz für die SPD entdeckt hatte, bravourös versah. Gleichzeitig kehrte das Bundeskanzleramt unter ihm auf die Spuren jenes Stils zurück, den Manfred Schüler entwickelt hatte.

Zufluchtsort nach der »Wende« wurde für Konow wie

für manchen anderen Mitarbeiter des Bundeskanzleramtes die nordrhein-westfälische Landesregierung in Düsseldorf. Aber auch sonst ist es ein Faszinosum, zu verfolgen, welche Wege ehemalige Mitarbeiter des Bundeskanzlers in SPD-regierten Ländern eingeschlagen haben. Mag der Name Helmut Schmidt in der Partei heutzutage auch kaum noch Konjunktur haben, kommen die Staatskanzleien ohne die Verwaltungserfahrungen und die Effizienz seiner früheren Mitarbeiter nicht aus. Aber auch an der Spitze mancher Kommune hat der Ex-Kanzler nach 1982 seine Spuren hinterlassen, setzten sich Oberbürgermeisterkandidaten durch, die einmal in der Nähe von Helmut Schmidt gearbeitet haben.

Dennoch war ein gewisser Qualitätsverlust auf der Leitungsebene des Bundeskanzleramtes nach der Bundestagswahl 1980 und den mühsamen Verhandlungen der Koalitionspartner nicht zu übersehen. Der neue Leiter des Kanzlerbüros kam an seinen Vorgänger, Klaus Dieter Leister, Staatssekretär auf der Hardthöhe, gegenwärtig Leiter der Staatskanzlei in Düsseldorf, bei weitem nicht heran. In Erstaunen versetzte mich immer wieder der persönliche Referent des Bundeskanzlers. Denn er schob jede Arbeit ab. Ein bekannter Bonner Politikwissenschaftler, bei dem der Mann promoviert worden war, zeigte sich überrascht über die Personalentscheidung des Bundeskanzlers. Aber er konnte nicht wissen, daß dies ein generelles Problem von Helmut Schmidt war, aber nicht nur von ihm.

Zahlreiche Spitzenpolitiker, die ich kennengelernt habe, haben eine derartige Eigenfixierung, drastischer formuliert: sind derartige Egomanen, daß sie viel zu wenig Zeit darauf verwenden, nach geeigneten Mitarbeitern Umschau zu halten, die für eine Stabilisierung des Umfelds und die Absicherung der Karriere sorgen. Helmut Schmidt hatte in den 70er Jahren das Glück gehabt, hervorragende Mitarbeiter von Alex Möller übernehmen zu können, nachdem er selbst ein paar fähige Leute während der Zeit als Bundesverteidigungsminister um sich geschart hatte. Aber von der Präferenz, Hamburger bzw. Norddeutsche in seine unmittelbare Nähe zu holen, einmal abgesehen, wirkte die Crew seiner engen Mitarbeiter Ende 1980 ziemlich heterogen. Dies hing offenkundig auch damit zusammen, daß es Schmidt mit zunehmendem Alter schwerer fiel, sich auf neue Gesichter einzustellen. Wichtige Personalentscheidungen überließ er daher dem Chef des Bundeskanzleramtes. Darüber zeigte sich Karl Wilhelm Berkhan, ein enger Freund des Bundeskanzlers, überrascht. Denn als ich dem Wehrbeauftragten des Deutschen Bundestages beim Vorgespräch für ein Interview auf eine entsprechende Frage hin berichtete, daß mich Helmut Schmidt vor meiner Anstellung nicht zu Gesicht bekommen habe, schüttelte Berkhan den Kopf und meinte, daß dies beim jüngeren Helmut Schmidt anders gewesen wäre.

Der Qualitätsverlust setzte sich Ende 1980 aber auch auf den darüberliegenden Ebenen fort. Mit Berndt von Staden erlebte ich noch einen Leiter der Abteilung 2, der zur aussterbenden Kategorie der großen, wirklich bedeutenden Spitzendiplomaten zählte. Wenn er in der Morgenlage zu einer Analyse der Verhältnisse in den USA ansetzte, konnte man eine Stecknadel fallen hören, wagte niemand, diesen vornehmen Mann zu unterbrechen. Von Staden war lange Zeit Botschafter der Bundesrepublik Deutschland in Washington gewesen, ehe er nach zwei Jahren als Abteilungsleiter im Bundeskanzleramt Staatssekretär im Auswärtigen Amt wurde, anscheinend mit Hans-Dietrich Genscher jedoch gewisse Schwierigkeiten hatte und vorzeitig in den Ruhestand ging. Das gleiche Verfahren wählten in den folgenden Jahren der Botschafter der Bundesrepublik in der Volksrepublik China, Per Fischer, und Jörg Kastl, der Moskauer Botschafter, der wenige Monate nach seinem Ausscheiden aus dem Dienst eine scharfe Kritik am

Bundesaußenminister in der Frankfurter Allgemeinen Zeitung übte.

Der Nachfolger von Stadens, Otto von der Gablentz, stand von seiner ganzen Persönlichkeit her dem Typus des älteren deutschen Spitzendiplomaten näher, dabei auch über jene Fertigkeiten verfügend, die heute in erster Linie von den Spitzenbeamten des Auswärtigen Amtes verlangt werden, nämlich möglichst glattgeschliffene Kommuniquétexte zu verfassen. Allerdings fiel bei von der Gablentz auf, der bald darauf unter der neuen Regierungsmannschaft von Horst Teltschik abgelöst wurde, daß er sich in der Morgenlage nicht mehr so wie von Staden behaupten konnte. Außenpolitik wurde in der Schlußphase der Regierung Schmidt im Bundeskanzleramt ein Thema, an dem sich jeder glaubte beteiligen zu können. Vergeblich bat von der Gablentz um Gehör für die Auffassungen der Fachleute, wurde jedoch von den Innenpolitikern in der Runde im wahrsten Sinne des Wortes übertönt.

Schwach besetzt war die Spitze der Abteilung 4, wobei deren Leiter kein Vorwurf zu machen ist. Denn Hermann Heick war ein Seiteneinsteiger, der sich seine Verdienste in der SPD-Bundestagsfraktion erworben hatte, ehe ihm der Wechsel auf die Position des Gruppenleiters und damit eines beamteten Ministerialdirigenten glückte. Sein persönliches Pech war der Fortgang von Horst Schulmann. Weil kein anderer geeigneter Abteilungsleiter bereitstand, die personellen Reserven der SPD auf diesem Gebiet denkbar bescheiden sind, rückte Heick noch einmal vor und wurde beim Regierungswechsel prompt mit der Versetzung in den einstweiligen Ruhestand bestraft.

Besser erging es da einem anderen Mitglied der Morgenlage, dem für die Deutschlandpolitik zuständigen Leiter des Arbeitsstabes 20, Ministerialdirigent Freiherr von Richthofen. Denn er verstand es offenbar, sich für Philipp Jenninger und Wolfgang Schäuble fachlich derartig unentbehrlich zu machen, daß er in wenigen Jahren eine Blitzkarriere zurücklegte. In den Wochen der Ermordung von Gerold von Braunmühl im Herbst 1986 brachte sie ihn als Ministerialdirektor ins Auswärtige Amt zurück.

Das »enfant terrible« der Morgenlage war ohne Zweifel Albrecht Müller, der Leiter der Abteilung 5. Unter vier Augen war der Streit mit ihm dagegen ein Vergnügen. Aber seine medienpolitischen Aktivitäten, die im wesentlichen in Abbremsversuchen bestanden, zu denen auch der »fernsehfreie Tag« gehörte, zu dessen Ausrufung sich der Bundeskanzler durch Albrecht Müller verleiten ließ, hatten schwerwiegende Folgen. Das taktisch bedingte Überlassen einer »Spielwiese« für den linken Flügel der SPD hat sich als großes Handicap für die Partei herausgestellt, wenn man die medienpolitische Landschaft unserer Tage betrachtet.

Schließlich fehlten dem Bundeskanzler erkennbar ab Ende 1980 die vertrauten Gesichter von Klaus Bölling und Hans-Jürgen Wischnewski. Beide wurden bezeichnenderweise im Frühjahr 1982 zurückgeholt, als die Schlußphase begann. Auch hier zeigte der Kanzler eine erstaunliche Gefühllosigkeit beim Umgang mit engen Mitarbeitern. Denn Kurt Becker erfuhr nur auf Umwegen am Rande des Münchner Parteitags der SPD im April 1982, daß seine Ablösung durch Klaus Bölling beschlossene Sache war. Klaus Bölling hat dann bei einem scharfen Wortwechsel mit Helmut Schmidt in einer Suite des »Bayerischen Hofes« seiner Empörung über das Verhalten des Kanzlers Luft gemacht, den man auf dem Flur unfreiwillig verfolgen konnte.

Schwierig zu beurteilen ist schließlich das Verhältnis zwischen Schmidt und Lahnstein, der im Frühjahr 1982 die Geschäfte an Gerhard Konow abgab. Daß die beiden zunächst Schwierigkeiten miteinander hatten, kann daraus geschlossen werden, daß der Rheinländer 1974 das Amt verlassen mußte, als Schmidt Bundeskanzler wurde.

Denn Lahnstein, Leiter der Abteilung 4, galt als ein Gefolgsmann von Willy Brandt. Und es dauerte offenbar mehrere Jahre, bis er, mittlerweile Staatssekretär im Bundesfinanzministerium, das Vertrauen des neuen Bundeskanzlers gewann.

Die wenigen Monate, die Lahnstein 1982 Bundesfinanzminister war, reichen sicherlich nicht zu einer abschließenden Beurteilung aus. Aber mir scheint nach allen Erfahrungen und Beobachtungen, daß mit ihm nach einem kurzen Zwischenspiel als Mitglied der SPD-Bundestagsfraktion nach den Wahlen von 1983 eines der größten Talente, das die SPD in ihren Reihen hatte, Bonn verlassen hat. Denn Lahnstein besaß nicht nur jene wirtschaftspolitische Kompetenz, die der SPD weiterhin bitter fehlt, sondern er hatte auch jene politische Gesamtstatur, die ihn – wäre er in der Bundeshauptstadt geblieben – vermutlich schon heute zu einem gefährlichen Herausforderer für Helmut Kohl machen würde. Der geeignete Kanzlerkandidat der SPD wäre Lahnstein jedenfalls gewesen, der in seiner bewußt einfachen Diktion Ähnlichkeiten mit Konrad Adenauer besaß. Und es spricht einiges dafür, daß Helmut Schmidt in der Schlußphase seiner Kanzlerschaft an diese Möglichkeit gedacht hat.

Aber auch der Beamtenapparat zeigte gegen Ende der Kanzlerschaft von Helmut Schmidt unverkennbare Schleifspuren. Die Beamten wußten längst, wie der Kanzler auf den Politikfeldern, die ihn interessierten, dachte und argumentierte. Und so wählte mancher den einfachsten Weg und schrieb die alte Vorlage noch einmal ab. Es kam häufig vor, daß mich nach einer Kanzlerbegleitung ein Abteilungsleiter aus dem Hause anrief und fragte, ob Schmidt zu einem bestimmten Thema etwas gesagt habe. Wenn ich dies bejahte, erkundigte er sich nach der genauen Formulierung, die oft genug im nächsten Vermerk auftauchte, den die Abteilung für eine Kanzlerrede beizusteuern hatte. So schmorte Helmut Schmidt nach sechs Jahren im Kanzleramt ein wenig im eigenen Saft, eine Tendenz, die er selbst förderte. Denn oft genug sagte er bei der Vorbereitung auf eine Rede: »Habe ich das schon einmal gesagt?«

Längst funktionierte auch jenes Instrument nicht mehr, das Schmidt lange Zeit meisterhaft einzusetzen verstanden hatte, nämlich die Leistungsbereitschaft der Beamten zu erhöhen, indem man einen Auftrag konkurrierend vergab. Längst waren die Adressaten solcher Aufträge und damit die Kommunikationswege bekannt, so daß man wußte, daß der Kanzler den Auftrag für die Neujahrsansprache sowohl an seine Ghostwriter als auch an die Planungsabteilung wie schließlich auch an das Bundespresseamt erteilt hatte. Im Zweifelsfall trug also Klaus Bölling mit seinen Mitarbeitern den Sieg davon, was den Elan der anderen nicht gerade beflügelte. Immediatrecht beim Kanzler und Durchsetzung einer bestimmten Argumentation waren leider ein wenig zu eng gekoppelt. Diese Erfahrung mußte auch der neue Chefredenschreiber des Kanzlers machen, der in den Weihnachtstagen 1981 stolz erhobenen Kopfes durchs Bundeskanzleramt marschierte, weil er den Kanzler in dessen Urlaub nach Florida begleiten durfte. Völlig frustriert kam er dann von dort zurück, weil Schmidt ihn gar nicht benötigt und ihm lediglich einen Privatbrief auf englisch an Valéry Giscard d'Estaing diktiert hatte. Daraus ging übrigens hervor, daß die Freundschaft zwischen den beiden nicht zu wörtlich genommen werden sollte. Sie war stark politisch motiviert, auch wenn der Franzose in seinen Memoiren unlängst dem Deutschen sehr freundliche Zeilen gewidmet hat, die den ehemaligen Bundeskanzler sehr treffend, wie ich meine, charakterisieren.

Ein Problem, das sich mit zunehmender Schärfe nach der Bonner »Wende« gestellt hat, betrifft die Rolle der Bonner Ministerialbürokratie, wenn nicht das Berufsbeamtentum in toto. Nur weil die Regierung Kohl bei weitem nicht so rabiat Personal ausgewechselt und gleichzeitig neue Stellen wie die Regierung Brandt im Jahre 1969 geschaffen hat, ist es der Öffentlichkeit weitgehend verborgen geblieben. Denn von den etwa 150 Ministerialdirektoren, die es in Bonn gibt, blieben drei Viertel 1982/83 auf ihren Stühlen. Aber es geht weniger um sie und die Möglichkeit der Versetzung in den einstweiligen Ruhestand als um die Situation der Beamten in den Bonner Ministerien und somit auch im Bundeskanzleramt. Denn die Politisierung ist im Vergleich zu den 60er Jahren weiter vorangeschritten, so daß man den politischen Beamten heute viel weiter fassen müßte als, es die Gesetze vorschreiben.

Während die Lebensläufe der jetzt 60- bis 70jährigen, die zum Führungspersonal der Bundesrepublik gehören oder gehörten, recht unorthodoxe Züge haben, sind die Strukturen heutzutage im Zustand der Sklerose, dominieren »Laufbahnen«. Ob man den öffentlichen Dienst nimmt, die Rundfunkanstalten oder auch große Konzerne, überall stößt man auf dieselben Versteinerungsformen. Aber es gibt noch einige »Fahrstühle«, die von kühlen Strategen, die nicht immer zu den Besten ihres Faches zählen, kaltblütig genutzt werden. Der Prototyp des heutigen »politischen Beamten« ist daher nicht den Weg seiner Kollegen gegangen, der über eine lokale Behörde, ein Landratsamt, ein Regierungspräsidium oder ein Landesministerium geht. Er ist ein »Seiteneinsteiger«. Das kann mit einem Honorarvertrag in einer Planungsabteilung beginnen, der schon bald in einen unbefristeten Angestelltenvertrag umgewandelt wird. Bald darauf erfolgt die Verbeamtung. Die rasantesten Karrieren werden zurückgelegt, wenn der berufliche Werdegang nun über ein Ministerbüro führt. Beamte, die diesen Weg gehen, sind äußerst karrierebewußt, und das heißt in Bonn vor allem, immer anwesend zu sein. Denn dies wird an den entscheidenden Stellen schnell registriert.

Die Kritik der Kollegen und Personalräte an diesen Karrieren ist oft genug berechtigt, handelt es sich doch bei diesem Beamtentypus nicht um eine Elite, die mit den Absolventen der grandes écoles in Frankreich beispielsweise zu vergleichen wäre. Denn die Zugänge zu solchen Positionen in der Bundesrepublik sind kaum bekannt und überhaupt nicht definiert. Häufig sind Bundestagsabgeordnete die Wegbereiter, die ihren ehemaligen Assistenten in den öffentlichen Dienst hineinbugsieren wollen. Ihnen kommt es zudem häufig weniger auf Leistung und Können als auf »Treue« und Verschwiegenheit an. Danach übernehmen sogenannte »Seilschaften« die Kontrolle beim Aufstieg, die sich selbst dann noch lange halten können, wenn der einstige Protektor längst entmachtet ist. So sprach man zu Beginn der 80er Jahre noch immer von der Ehmke-Gruppe im Bundeskanzleramt.

Die Unhaltbarkeit des bestehenden Zustands würden häufige Regierungswechsel rasch herbeiführen. Aber auch so sind die Lösungen, die in Bonn getroffen oder auf die lange Bank geschoben werden, unbefriedigend genug, sowohl für den Steuerzahler als auch für den jungen politischen Beamten zwischen 30 und 45, der heutzutage ein gelangweiltes Dasein im Kanzleramt oder in einem Bonner Ministerium führt. Eine erhöhte Durchlässigkeit zwischen öffentlichem Sektor und privater Wirtschaft wäre daher das mindeste, was man sich wünschen könnte, damit es nicht bei Einrichtungen wie dem sogenannten »Witwenflügel« im Bundeskanzleramt, dem sogenannten »Wolldeckenreferat« oder dem großen Elefantenfriedhof des Bundespresseamtes bleibt, wohin seit den 60er Jahren viele enge Mitarbeiter von Kanzlern und Bundesministern abgeschoben worden sind.

Festzuhalten bleibt, daß die lebenslange Anstellung in den politisch empfindlichen Zonen der Regierung widersinnig ist. Sie ist schon deswegen nicht gerechtfertigt, weil das repräsentativ-demokratische Prinzip lediglich Macht auf Zeit vergibt. Man sollte daher Arbeitsverträge von Büroleitern, persönlichen Referenten, Pressesprechern oder Ghostwritern an die Amtszeit des Ministers oder des Kabinetts koppeln und mit großzügigen Übergangsgeldern für die nötige Personalfluktuation nach einem Regierungswechsel sorgen. Helmut Schmidt war hier gleich in doppelter Hinsicht ein Vorbild. Die Zugehörigkeit zu einem politischen Lager war ihm im Bundeskanzleramt völlig gleichgültig. Er holte Mitarbeiter in seine Nähe, die tüchtig waren. Und Ghostwriter erhielten bei ihm nur einen zeitlich befristeten Angestelltenvertrag. Als ich Ende 1982 aus den Diensten des Bundeskanzleramtes ausschied, wies mich ein Amtsrat aus der Personalabteilung darauf hin, daß ich im Falle von Arbeitslosigkeit Anspruch auf ein Übergangsgeld von 2000,– DM hätte. Den Abgang der Ministerialdirektoren vor Augen, der finanziell sehr gut abgefedert ist, verzichtete ich großzügig auf diesen Betrag.

Wenn ich heute zum Kanzleramt gehe, was hin und wieder der Fall ist, weil ich zu meinen Nachfolgern einen guten Kontakt habe, dann fällt mir auf, daß eines sich in den sechs Jahren seit dem Machtwechsel nicht geändert hat: das schwierige Verhältnis zwischen Regierenden und Regierten in Bonn. Es liegt nicht nur an den hohen Metallgitterzäunen, die das Kanzler-Areal umgeben. Es zeigt sich auch daran, daß die Touristen, die vor allem am Wochenende durch das Regierungsviertel streifen, häufig im Auto sitzen bleiben, wenn sie die leichte Anhöhe erreicht haben, auf der das Bundeskanzleramt liegt. Mancher hält nicht einmal an, sondern schlägt einen hastigen Bogen vor dem Wachhaus des Bundesgrenzschutzes, das die Ein- und Ausfahrt in den Komplex kontrolliert. Was fehlt, ist die Selbstverständlichkeit im Umgang miteinander. Offenbar läßt sich die Atmosphäre von 10, Downing Street in London oder rund um das Weiße Haus in den großen Parkanlagen von Washington nicht auf Bonn übertragen. Eine der häufigsten Fragen, die am Tor zum Bundeskanzleramt fällt, lautet: »Wohnt hier der Bundeskanzler?«

Als Helmut Schmidt ziemlich widerwillig vom Palais Schaumburg im Sommer 1976 in den Neubau umzog, stieß er sich an dem vermeintlich gesichtslosen Äußeren des Neubaus, an dem allzu landläufig Geschäftsmäßigen, das ihn an die Verwaltungszentrale einer rheinischen Sparkasse erinnerte. Ich habe diese Auffassung nie geteilt, und es ist auch heute nicht der Fall. Aber man hat in Bonn Schwierigkeiten, jemanden zu finden, der sich zu diesem Bundeskanzleramt bekennt. Als ich im Frühjahr 1983 ein Interview mit Horst Ehmke zu dieser Thematik machen wollte, empfing er mich zwar, verwies mich jedoch dann ziemlich barsch an Reimut Jochimsen. Denn »der könne zur Entstehungsgeschichte des Bundeskanzleramtes mehr sagen«.

Hat diese Verweigerungshaltung vielleicht auch damit zu tun, daß die SPD die acht Jahre der Kanzlerschaft von Helmut Schmidt verdrängt? Wenn die Partei Mut zur Geschichte, ich würde fast hinzufügen, Mut zur Frage der Macht und der Machtausübung, hätte, dann müßte sie sich auch zu dem Bundeskanzleramt bekennen. Denn es ist nicht das Gebäude, das Helmut Schmidt allein repräsentiert. Das Kanzleramt ist das Symbol des Godesberger Programms von 1959, der Phase der Plan- und Machbarkeit, des grenzenlosen Zukunftsoptimismus, die die Partei mitunter ahistorisch agieren ließ, wenn man an die Zerstörung der Städte, an den Kahlschlag der Gebietsreform, an Neugründungen wie das berüchtigte »Lahn« in Hessen denkt. Das Regierungsprogramm von Helmut Schmidt stand 1980, als ich stellvertretender Leiter seiner Redenschreibergruppe, der sogenannten »Schreibstube« wurde, unter dem Motto: Mut zur Zukunft. Davon ist die große Oppositionspartei heute noch meilenweit entfernt, trotz der Frauenquote, trotz der soundsovielten Rochade von Oskar Lafontaine. Fast genauso wichtig im Sinne eines chancenreicheren Weges für die Partei ist aber auch, daß sie Mut zu ihrer Geschichte hat. Denn der Stimmungsumschwung setzte lange vor 1980 ein.

Neben den Vereinigten Staaten wurden die meisten westeuropäischen Staaten von diesem Trendwechsel, der mit einem Umschwung zum Konservativismus nur sehr unzureichend beschrieben ist, erfaßt. Der außergewöhnlichen Persönlichkeit von Helmut Schmidt ist es lediglich zu verdanken, daß die SPD im Bund bis 1982 an der Macht blieb. Nur wenn sie dieses Faktum richtig einzuschätzen vermag und daraus in den 90er Jahren Konsequenzen zieht, kann es eine Rückkehr an die Schalthebel der Macht geben. Aber der Weg dahin ist weit. Niemand wußte dies besser als Helmut Schmidt, der außer seiner langen Zeit als Soldat ein weiteres konstitutives Erlebnis gehabt hatte, das sein politisches Handeln prägte. Er hatte vom Beginn der 50er Jahre bis zu den Tagen der Großen Koalition die harten Bänke der Opposition in Bonn kennengelernt. Als er Verteidigungsminister wurde, war er 51 Jahre alt.

Der Redenschreiber

Es gibt drei Dinge, über die Bonner Politiker am liebsten den Mantel des Schweigens decken: über Affären, über Fehler, die ihnen persönlich unterlaufen sind, und über die Ghostwriter oder Redenschreiber, die sie beschäftigen. Denn eitel sind sie alle. Daher möchten sie den Ruhm oder Nachruhm, auf den sie hoffen, mit niemandem teilen. Als Michael Engelhard, der schon für Bundespräsident Walter Scheel Reden geschrieben hatte, einmal der Frankfurter Allgemeinen Zeitung nähere Aufschlüsse über seine Tätigkeit und seine privaten Hobbys gab, dauerte es nur wenige Tage, bis sich sein damaliger Auftraggeber, Bundespräsident Richard von Weizsäcker, von ihm trennte und Engelhard dorthin zurückkehrte, von wo aus er zu seiner Arbeit für Politiker in den 70er Jahren aufgebrochen war: ins Auswärtige Amt. Einen Bruno Kreisky, der alle seine Reden selbst schrieb, gibt es unter den deutschen Spitzenpolitikern vermutlich nicht. Am ehesten an diesen Idealzustand dürfte noch Franz Josef Strauß herangekommen sein.

Wer sind die Ghostwriter von Bonn? Sie lassen sich kaum auf einen Nenner bringen, ein festes Berufsbild gibt es nicht. Sie firmieren als Pressesprecher, als Referatsleiter in Ministerien, als persönliche Referenten und als Leiter von Ministerbüros – der Phantasie hinsichtlich ihrer Plazierung im Behördenapparat sind eigentlich keine Grenzen gesetzt. Aber auch sonst ist es ziemlich schwierig, einigermaßen Zutreffendes über die Redenschreiber als Gruppe zu sagen. Soviel scheint jedoch klar: In der Regel sind sie 30–40 Jahre alt, haben ein Studium, vorzugsweise der Sozialwissenschaften, absolviert und sind durch Zufall, aus Neugierde oder mit Karriereabsichten in die Vorhöfe der Macht geraten. Mitunter kann daraus ein Dauerengagement werden, wie beispielsweise für Konrad Seitz, den Ghostwriter von Hans-Dietrich Genscher, der gleichzeitig als Ministerialdirektor dabei eine Spitzenposition erreicht hat, die unüblich ist.

Man kann als Redenschreiber also Beamter werden oder, wenn man bereits Staatsdiener ist, die Stufen der Hierarchie ein wenig schneller, normalerweise nicht über den Ministerialdirigenten hinaus, erklimmen. Denn Politiker sind auf gute Ghostwriter angewiesen. Treue in dem harten Job wird daher belohnt. Andere verdingen sich dagegen nur auf Zeit, in der Hoffnung, daß der Name ihres Herrn sie anschließend in gut dotierte Positionen befördern wird. Manche Karriere, wie beispielsweise die von Monika Wulf-Mathies, der ÖTV-Vorsitzenden, die für Willy Brandt Reden schrieb, oder von Albrecht Müller, der die metaphernreiche Sprache von Karl Schiller schmieden half, hat so begonnen.

Bei der amtierenden Regierung Kohl ist es ganz ähnlich. Denn mehrere Mitglieder des Führungszirkels sind ehemalige Büroleiter des Parteivorsitzenden Helmut Kohl und begannen ihre Karriere als seine Redenschreiber, darunter Horst Teltschik und Wolfgang Bergsdorf, der eine Ministerialdirektor und Leiter der Abteilung 2 im Bundeskanzleramt, der andere im gleichen Rang für die Innenpolitik im Bundespresseamt zuständig. Ein anderes großes Sammelbecken potentieller Redenschreiber sind natürlich die Zeitungen und die Rundfunk- und Fernsehanstalten. Da Helmut Schmidts ruinöser Arbeitsstil jedoch in den einschlägigen Kreisen hinreichend bekannt war, mußte er sich hier weitgehend auf Mitarbeiter stützen, die aus dem administrativen Bereich stammten.

Erster Chefredenschreiber Helmut Schmidts war bezeichnenderweise mit Christian Bauer ein Ministerialdirigent aus dem Bundesfinanzministerium gewesen, auf den Armin Halle, der ehemalige Sprecher von Bundesverteidigungsminister Georg Leber, folgte. Stellvertreter Bauers war Peter Jabcke, für den Thilo von Trotha nachrückte, der sich erste Sporen als Jurist in der SPD-Bundestagsfraktion verdient hatte. Nach zuverlässigen Informationen ist Helmut Schmidt mit der »Beamtenlösung« in der Schreibstube, also mit dem Gespann Bauer/ Jabcke, am zufriedensten gewesen.

Die sogenannte »Schreibstube« im Bundeskanzleramt wurde von der Gruppe 03 gebildet. Ihr gehörten Ende 1980 als Chefredenschreiber Rolf Breitenstein, ein zur gelegentlichen Exzentrik neigendes Multitalent mit langjähriger journalistischer Erfahrung als diplomatischer Korrespondent in Bonn, und ich als sein Stellvertreter an. Breitenstein war ein Jahr zuvor engagiert worden, nachdem er Anfang der 70er Jahre in den diplomatischen Dienst übergewechselt und zuletzt Leiter der Wirtschaftsabteilung an der Warschauer Botschaft der Bundesrepublik Deutschland gewesen war. Der dritte Mann in unserem Team war ein junger Zeitungswissenschaftler von der Universität Bochum, Hans-Wolfgang Wolter, der kurz nach mir zur Gruppe 03 stieß. Auf ihn folgte Anfang 1981 ein junger Bayer namens Ortwin Bohmhammel, der bei einem Praktikum in der Gruppe derartiges Engagement an den Tag gelegt hatte, daß ihn der Gruppenleiter bat, sein Studium der Kommunikationswissenschaft zu unterbrechen, um ein Jahr in Bonn zu bleiben. Bohmhammel verließ das Kanzleramt am Ende aber nur wenige Wochen vor dem Mißtrauensvotum gegen Helmut Schmidt. Fünfter Mann, aber kein eigentlicher Redenschreiber, war schließlich Fritz von Globig, der ehemalige stellvertretende Chefredakteur der Stuttgarter Zeitung. Von Globig, dessen infolge des Zweiten Weltkriegs sehr abenteuerlichen Lebenslauf wir alle bewunderten, genoß das besondere Vertrauen des Kanzlers. Denn er war so etwas wie der »Vor-Leser« für Helmut Schmidt. Er las wichtige historisch-politische Neuerscheinungen auf dem Büchermarkt, studierte die Welt der internationalen

Zeitschriften für Außenpolitik und fertigte dazu nach eigenem Gutdünken dem Kanzler ein- bis zweiseitige Berichte in Regestform an. Schmidt studierte diese Papiere sehr genau, und oft fand sich dann am Rand in der markanten Handschrift des Kanzlers die mit grüner Tinte fixierte Anweisung: »in die nächste Rede einbauen«. Helmut Schmidt versuchte also mit von Globigs Hilfe, gezielt Anschluß an bestimmte Entwicklungen zu halten, da ihm zum Lesen die Zeit fehlte. Oft klagte der Kanzler in diesem Zusammenhang, daß er kaum Gelegenheit zum Nachdenken habe, weil er von Terminen überflutet werde. Er pflegte dies mit einer Relation von 1:9 zu beziffern.

Auch wenn die Arbeit der Redenschreiber breit gefächert war und wir 1981 etwa 100 Reden für Helmut Schmidt verfaßten, ist an dieser Stelle der Hinweis unvermeidlich, daß die Gruppe 03 trotz ihrer gewissen gelegentlichen Nähe zum Kanzler seine politische und private Existenz nicht vollständig erfassen konnte. Denn es gab keinen Sitz und keine Stimme für sie in dem wichtigen Koordinierungsinstrument des sogenannten »Kleeblatts«, an dem außer dem Kanzler und dem Amtschef der Regierungssprecher, der Staatsminister im Kanzleramt sowie der Leiter des Kanzlerbüros teilnahmen. Zugang hatte die Gruppe 03 gelegentlich zur wöchentlichen Kabinettsitzung, aber natürlich nicht zu Koalitionsgesprächen. Zu den weiteren Vorgaben für den Kanzler gehörten seine Auftritte im Deutschen Bundestag, vor der Fraktion und in der Partei. Hier kamen wir mit Redeaufträgen häufig zum Zug. Unsere Arbeit konnte sich aber auch auf Aspekte des Bund-Länder-Verhältnisses beziehen oder auf die Deutschlandpolitik, zwei Bereiche, die im Kanzleramt angesiedelt waren. Hinzu kamen die Reden des Kanzlers bei Verbänden, bei Auslandsreisen, seinem Wahlkreis in Hamburg-Bergedorf sowie schließlich auch Beiträge und Argumentationshilfen für die permanente Herausforderung, die Schmidt nicht immer schätzte, den Zwang des Sich-stellen-Müssens in den elektronischen Medien.

Überraschend war für mich, daß es die eigentlich zu erwartende Trennung zwischen Redeanlässen Helmut Schmidts als Bundeskanzler und als stellvertretender Vorsitzender der SPD beziehungsweise als Abgeordneter nicht gab. Ich hätte sie für geboten gehalten. Und wie aus der Umgebung von Helmut Kohl zu hören ist, nimmt der Nachfolger Helmut Schmidts diese Interessenkollision genauer, deren Grenzen natürlich fließend sind. Zum Verständnis für die von Helmut Schmidt betriebene Praxis gehört aber auch, daß das Mißtrauen des Kanzlers gegenüber dem Apparat der Bonner SPD-Parteizentrale derartig groß war, daß er auf der Arbeitsebene dorthin keine Kontakte unterhielt, obwohl im Erich-Ollenhauer-Haus ein Referat existierte, das ihm für seine Reden als Parteifunktionär hätte zuarbeiten müssen.

Schmidt, das mag manchen überraschen, überließ bei öffentlichen Auftritten nichts dem Zufall. Selbst für einen noch so marginalen Anlaß wie ein paar Worte der Gratulation anläßlich eines Jubiläums ließ er sich eine Rede anfertigen. So erhielt ich eines Tages zu meiner Verblüffung den Auftrag, eine auf etwa zwei Minuten angelegte Kurzrede für Helmut Schmidt zu verfassen, die er am gleichen Abend in Hamburg halten wollte. Sie galt einer über 90jährigen Frau, die seit ihrer Mädchenzeit SPD-Mitglied war und für ihre 70jährige Mitgliedschaft geehrt werden sollte. Mangelte es Schmidt hier an jener Wärme und Spontaneität, die ich im persönlichen Bereich auch bei anderen bekannten Politikern vermißt habe? Denn manch einer zeigte sich unfähig, ein paar Sätze des Small talks beim Vorgespräch auszutauschen, weil er offenkundig gehemmt war. Zieht es Menschen in die Politik, so fragte ich mich gelegentlich, die nur große Menschenmengen ansprechen können?

Helmut Schmidt zog es in der Regel jedenfalls vor, sein Publikum hinsichtlich der Urheberschaft des Redetextes im unklaren zu lassen. Mitunter benutzte er sogar den Trick, der folgendermaßen eingeleitet wurde: »Ich lege jetzt einmal weg, was meine Mitarbeiter mir aufgeschrieben haben«, um dann haargenau anhand unseres Materials weiterzusprechen. Besonders amüsiert hat mich ein Fernsehinterview Helmut Schmidts mit Lilli Palmer, der mittlerweile verstorbenen großen Schauspielerin. Ich zitiere es nicht aufgrund von Notizen, sondern nach der Mitschrift vom Interview, bei dem sich der Kanzler folgendermaßen äußerte:

»Eins würde ich nicht können, was ich an Schauspielern und anderen bewundere, weil ich es nie könnte, Texte aus dem Kopf herzusagen ... Nichts ist schlimmer für mich, als etwas auswendig lernen zu sollen. Das kann ich überhaupt nicht. Beinahe so schlimm ist es, eine Rede vorlesen zu müssen, die fix und fertig ausgearbeitet ist, wo man nächtelang dran gesessen hat. Am liebsten rede ich frei, das fällt am leichtesten, anhand von wenigen Notizen. Aber was die Schauspieler können, ist mir unerfindlich.«

An dieser Aussage von Helmut Schmidt gegenüber Lilli Palmer stimmt lediglich, daß Helmut Schmidt bei freier Rede, gestützt auf sogenannte »Versatzstücke«, in der Tat seine besten Reden hielt. Aber auch seine schauspielerischen Fähigkeiten waren nicht zu unterschätzen. So nahm sich der Kanzler bei außenpolitischen Regierungserklärungen kaum Gestaltungsspielraum, denn er las mehr oder weniger das ab, was ihm von der zuständigen, mit Diplomaten aus dem Hause Genschers besetzten Abteilung Zwei, bei leichter Redigierarbeit durch meine Gruppe, vorgelegt worden war. Aufgrund seiner rhetorischen und schauspielerischen Fähigkeiten gelang es Helmut Schmidt dann, selbst aus relativ schwachen Vorlagen eine beeindruckende Rede zu machen. Im Ghostwriter-Jargon hieß dies, »einen Text hochreden«.

Bei allen übrigen Redeanlässen und damit auch bei innenpolitischen Regierungserklärungen war die Zuarbeit der Redenschreiber von ungleich größerer Bedeutung. Aber Schmidt blieb dabei jederzeit Herr des Verfahrens. Bei jeder größeren Rede griff er etwa gegen 22 Uhr, nach seinem langen Arbeitstag, in den Produktionsprozeß ein und redigierte und ergänzte die von uns vorgelegten Texte, um sie auf sein persönliches Format zu bringen. Und meistens ließ er es sich nicht nehmen, sich auch noch die Schlußfassung anzuschauen, die von den beiden Sekretärinnen unserer Gruppe mit Hilfe modernster Schreibmaschinen erstellt wurde. Dabei wurde es häufig 2 oder 3 Uhr nachts, so daß dem Mittsechziger nur noch wenige Stunden Schlaf blieben, bevor er um 9 Uhr morgens ans Rednerpult im Bundestag trat.

Bei einer der letzten Regierungserklärungen wurde die Rede buchstäblich erst in letzter Minute fertig. In meinem Büro hatte ich bereits den Fernseher angeschaltet. Und pünktlich um 9 Uhr, mit dem Ertönen des Gongs, marschierte Bundestagspräsident Richard Stücklen in den Saal. Er eröffnete die Sitzung und erteilte das Wort an den Bundeskanzler. Den sah ich jedoch durch die geöffnete Bürotür in der Verlängerung des Flurs, im Begriff, das Bundeskanzleramt zu verlassen. Es wunderte mich daher nicht, daß Richard Stücklen auf meinem Fernsehmonitor in diesem Moment die Abwesenheit von Helmut Schmidt feststellte und die Sitzung für einige Minuten unterbrach. Im Hof des Bundeskanzleramts vernahm ich das Aufheulen schwerer Motoren, und die Kanzlerlimousine surrte zum Tor hinaus. Drei Minuten später konnte die Sitzung dann beginnen.

Hinter einer Regierungserklärung steckte natürlich die Gesamtleistung eines großen Teams, wobei dieser Begriff eine doppelte Bedeutung hat. Zum einen stellt eine Regierungserklärung das Programm einer Bundesregierung zu Beginn einer Legislaturperiode dar, zum anderen fixiert sie für eine gewisse Zeit eine bestimmte politische Entwicklung, zum Beispiel nach einer wichtigen Auslandsreise oder nach einem Weltwirtschaftsgipfel oder anläßlich eines Ereignisses wie der Verhängung des Kriegsrechts in Polen. Bei Reden zu anderen Anlässen – ich nenne als typisches Beispiel eine große Feier für Alex Möller anläßlich seiner 60jährigen SPD-Mitgliedschaft – fiel die Last der Vorbereitung allein auf die Redenschreibergruppe, in diesem Fall auf mich. Da es nur in sehr seltenen Fällen ein Vorgespräch mit Helmut Schmidt gab, mußte ich mich also von vornherein in die Schuhe des Kanzlers stellen. Im Fall von Alex Möller erhielt ich also zunächst den Auftrag vom Kanzlerbüro und machte mich an die Arbeit. Ich beschaffte mir zunächst einmal Lebensläufe des Politikers, führte Telefonate mit seinem Büro und forderte über die Computerauswertung des Bundespresseamtes Zeitungsausschnitte aus der letzten Zeit an, die sich mit dem Leben des Jubilars befaßten. Über die Bibliothek des Deutschen Bundestages besorgte ich mir die Bücher, die der mittlerweile verstorbene ehemalige Bundesfinanzminister geschrieben hatte. Erneut gab es Telefonate mit der regionalen Parteiorganisation, um zusätzliche Informationen – sowohl zum Anlaß wie auch über Alex Möller – zu erhalten. Dazu gehörte natürlich auch Anekdotisches, das ebenfalls in die Rede eingebaut wurde. Wertvolle Tips erhielt ich in diesem Stadium von Gunter Huonker, dem Staatsminister im Bundeskanzleramt, der ein kameradschaftliches, unprätentiöses Verhältnis zu unserer Gruppe besaß und gelegentlich bei uns hereinschaute. Als baden-württembergischer Bundestagsabgeordneter kannte er Alex Möller natürlich ausgezeichnet und konnte mir ein paar Hinweise geben.

So reihte sich Mosaiksteinchen an Mosaiksteinchen, neue Namen kamen ins Spiel, bis ein brauchbarer Rahmen für die Rede entstanden war, der – das war bei einem derartigen Redeanlaß besonders wichtig – das gute, enge

Verhältnis des Bundeskanzlers zu seinem Parteifreund unter Beweis stellen mußte. Die endgültige Fassung war dann verhältnismäßig leicht zu erstellen, machte jedoch noch eine Menge Arbeit, weil wir, wie bei den Fahnen eines wissenschaftlichen Buches, peinlichst genau Korrektur lasen. Denn der Kanzler legte auf ein perfektes Redemanuskript größten Wert und strich jeden orthographischen oder Tippfehler gnadenlos an.

Größere Reden verfaßten nur der Chefredenschreiber und ich, wobei uns die beiden jüngeren Kollegen zuarbeiteten. Eine Spezialität unseres dritten Mannes waren kleinere Kanzlerreden anläßlich von Kunstausstellungen im Kanzleramt. Unser bayerisches Greenhorn konnte schließlich brillieren, wenn es eine Rede anläßlich eines Hauskonzerts im Kanzlerbungalow zu verfassen galt. Ich erinnere mich an einen Abend mit Yehudi Menuhin.

Bei unserer Arbeit gab es eine rasche Abfolge von Aufträgen mit erheblichem zeitlichen Vorlauf und unmittelbarer Reaktion. Hier hatte ich es als ehemaliger Hörfunkjournalist leicht, wenn es galt, innerhalb einer halben Stunde ein paar Sätze für den Kanzler zu formulieren, die er wenig später unter dem Licht der Scheinwerfer und bei vorübergehender Anwesenheit des Fernsehens im Saal der SPD-Bundestagsfraktion vortrug. Bei der letzten Sitzung vor der Sommerpause am 26. Juli 1981 sagte Helmut Schmidt in Anspielung auf eine Wanderung von Franz Josef Strauß und Helmut Kohl: »Das Fell des Bären, das die beiden Herren von der Opposition während ihrer Wanderung verteilt haben, ist nicht zu kriegen. Nicht in diesem Herbst, wenn die Einigung mit der FDP über den Haushalt 1982 ansteht und auch nicht danach während dieser Legislaturperiode . . .«

Schnelle Arbeit der Gruppe 03 war aber auch gefragt, als der frühere Präsident der EWG-Kommission, Walter Hallstein, starb und die Entscheidung des Kanzlers, bei der Beerdigung zu reden, relativ kurzfristig kam. Rastellis gleich schrieben wir aber auch Antworten für Kanzler-Interviews, Vorworte für Bücher oder edierten Redesammlungen von Helmut Schmidt, wobei zu meinem großen Bedauern nicht jene Sorgfalt an den Tag gelegt wurde, die einem Kanzler angemessen gewesen wäre. Aber Schmidt hatte sich von einem Düsseldorfer Verlag zu Schnellschüssen überreden lassen, während die Union gleichzeitig unter der sachkundigen Anleitung des renommierten Kölner Politikwissenschaftlers Hans-Peter Schwarz damit begann, den gewaltigen Nachlaß von Konrad Adenauer in zwei Reihen zu edieren.

Währenddessen kämpften wir gegen die tägliche Papierflut an. Wie ein Damoklesschwert hing alle drei Wochen die Abfassung der sogenannten »Bergedorfer Kolumne« über uns. Der Kanzler wechselte sich hier mit seinen Kollegen von den anderen Parteien im Wahlkreis ab. Das Unglück hatte am 20. Januar 1981 seinen Lauf genommen, als ich das erste Mal gemeinsam mit Rolf Breitenstein beim Kanzler im Arbeitszimmer erschienen war und während einer Dreiviertelstunde das Redeprogramm der kommenden Monate erörtert hatte. Dabei hatte Schmidt die Anweisung gegeben, die Kolumne in der Bergedorfer Zeitung künftig mit einem aktuellen Bezug zu versehen. Alle unsere Bedenken, die Rolf Breitensein, mit langjährigen Erfahrungen im Agenturgeschäft, vorgetragen hatte, halfen nichts, der Kanzler blieb bei seiner Entscheidung: Die Kolumne mußte fortan aktuell geschrieben werden. Nun gab es in der entsprechenden Woche jedesmal Streß. Denn zunächst galt es, ein passendes Thema zu finden, das natürlich auch einen Hamburger Bezug haben mußte. Denn seine Leser waren ja die Abonnenten einer Lokalzeitung. Dann galt es aber auch, den Kanzler am Freitag zu erwischen, um von ihm die Zustimmung für den Abdruck zu erhalten. Deswegen mußten wir auch Kontakt zum Vorzimmer halten. Inzwischen nervte uns natürlich auch schon das Bonner Büro einer Nachrichtenagentur, der wir den Text zur exklusiven Verbreitung zugesagt hatten. Als es einmal nicht möglich war, das O. K. des Kanzlers in Bonn zu erhalten, mußte eigens ein Mitglied der Gruppe 03 nach Hamburg fliegen, um an der Tür des Privathauses von Helmut Schmidt den letzten Segen für die Bergedorfer Kolumne zu bekommen. Sie und nicht etwa eine Regierungserklärung war der Alptraum der Gruppe 03.

Eine nette Fingerübung zwischendurch war der Entwurf einer im launigen Ton gehaltenen Tischrede oder eines Glückwunschtelegramms für einen Filmschauspieler anläßlich seines Geburtstages. Dabei trat ich einmal beim 80. Geburtstag von Heinz Rühmann in Aktion. Selbst unter der bundesrepublikanischen Prominenz muß es viele Vertreter geben, die der irrigen Auffassung sind, daß der Kanzler ihnen in einem solchen Falle selbst schreibt. Ein bekannter deutscher Publizist sei stellvertretend dafür zitiert. »Donnerwetter«, bemerkte er, »ich hätte nicht gedacht, daß der Bundeskanzler meinen Geburtstag im Kopf hat.« Schuld daran sind aber auch die Politiker. Ich erinnere mich an einen Betriebsbesuch mit dem Kanzler in Nürnberg, bei dem Helmut Schmidt einen lästigen Fragesteller mit dem Versprechen abwimmelte, daß er ihm schreiben werde.

Mit Hilfe der Kollegen aus den Abteilungen, Gruppen und Referaten des Bundeskanzleramtes verwalteten wir im Grunde genommen eine einzige große Rede des Kanzlers, die zwar je nach dem Publikum an der Peripherie geändert wurde, im Kern jedoch eine erstaunliche Konsistenz aufwies. So gehörte zu fast jedem Redeanlaß die sogenannte »Weltwirtschaftsoper«, wie wir und die Beamten die aktuelle Passage über den Zustand der nationalen und internationalen Wirtschaft nannten. An dieser Stelle bestand auch leicht die Gefahr, daß sich Schmidt ein wenig verlor und als Weltökonom den Rederahmen sprengte. Nicht nur in einem solchen Fall war die Nachbearbeitung der Rede für die Gruppe 03 erheblich. Denn Kanzler-Reden wurden nicht nur aufgrund der Mitschrift eines Stenographen des Bundespresseamtes nachredigiert, wenn sie veröffentlicht werden sollten, sondern Schmidt überprüfte auch jene Texte, die nach einer kosmetischen Behandlung durch die Gruppe 03 in sein Privatarchiv wanderten.

Ein weiteres unverzichtbares Thema jeder Rede war die internationale Lage. Natürlich wurden die Stände Tag für Tag, Woche für Woche aktualisiert und mitunter auch gewisse Argumentationen ausgetauscht und fortgelassen. Gegen meine Bedenken hatte man beispielsweise den Kanzler im Oktober 1981, als sich die Friedensbewegung ihrem Höhepunkt näherte, dazu überredet, bei Reden von der Angst zu sprechen, die er als Soldat im Zweiten Weltkrieg gehabt habe. Wie nicht anders zu erwarten, mißfiel dem Kanzler nach einiger Zeit dieses für ihn allzu persönliche Bekenntnis, so daß er mir während eines Berlin-Fluges die Anweisung gab: »Ich habe jetzt genug Angst gehabt. Lassen Sie bitte diese Passage fortan aus den Reden heraus.«

Auch die Taktik bei einer Rede änderte sich natürlich. Ein gern eingesetztes Mittel bei Reden des Kanzlers im Parlament, aber auch draußen im Land war ein Zitat aus der ausländischen Presse, vorzugsweise aus der britischen oder amerikanischen. Das dort gelegentlich geäußerte Lob für eine bestimmte Politik des Kanzlers wurde als Beleg gegen die Opposition eingesetzt. Als ich meine Kollegen und Nachfolger im Bundeskanzleramt später auf diese Möglichkeit hinwies, denn die Politik der Regierung Kohl hat im westlichen Ausland insgesamt ein viel freundlicheres Echo als daheim – auch was die Person des Kanzlers betrifft, wenn man an französische oder amerikanische Presseorgane denkt –, sagte mir ein Vertrauter von Helmut Kohl: »Wir haben immer wieder den Versuch unternommen. Aber Kohl möchte nicht mit Hilfe ausländischer Kommentatorenstimmen Punkte daheim machen.«

Daß ein Kanzler im Grunde genommen nur eine einzige Rede »besitzt«, hängt auch damit zusammen, daß seine Manövriermasse in der Öffentlichkeit außerordentlich beschränkt ist. Aber auch der Wiedererkennungswert ist wichtig. Ob bei einer Regierungserklärung im Parlament, ob bei einer improvisierten Pressekonferenz an irgendeinem Ort der Bundesrepublik, überall steht ein Diplomat oder ein Agenturjournalist bereit, um eine Meldung abzusetzen, wenn der Kanzler vom Bekannten zu deutlich abweicht. Redenschreiber können daher kaum bei ihrer Arbeit brillieren. Denn Kabinettstücke, wie sie dem Journalisten offenstehen, sind bei einer Kanzlerrede nicht gestattet.

Die der Arbeit des Journalisten am nächsten kommende Form betrifft den Beginn einer Rede, den sogenannten »Einstieg«. Dieser Einstieg muß, wenn irgendwie möglich, in einer engen Beziehung zum Veranstaltungsort stehen und intime Ortskenntnisse oder eine vertiefte Vorbereitung des Redners suggerieren.

Aber was konnte man dazu Helmut Schmidt beispielsweise aufschreiben, als es um seine Rede beim Parteitag der bayerischen SPD in Wolfratshausen am 17. Mai 1981 ging? Dazu zunächst ein Zitat aus der tatsächlich gehaltenen Rede des Kanzlers:

»Ich habe übrigens bei der Vorbereitung der Ausführungen, die ich heute morgen zu machen habe, mich mit Wolfratshausen beschäftigt. Und ich bin drauf gekommen, daß der Mann, der auf den 50-Mark-Scheinen ist, auf der Rückseite ist das Holsten-Tor, nicht wahr, aus Lübeck. Und auf der anderen Seite ist ein Mann mit so einem Barett auf dem Kopf. Der sieht sehr würdig aus. Und die Bundesbank in Frankfurt hat mir gesagt, das sei der Hans Urmüller oder Urmiller aus Wolfratshausen. Der soll im Jahre 1540 auf der Burg hier als Kämmerer des Herzogs Wilhelm IV. von Bayern fungiert haben. Eine andere Story sagt, er hätte als Richter hier gewirkt. Aber es muß jedenfalls rechtschaffen gewesen sein, was der Mann gemacht hat, sonst wäre er ja nicht auf dem 50-Mark-Schein.«

Diese Geschichte hatte Schmidt natürlich von mir. Und ich hatte sie von dem jungen Bürgermeister des Ortes. Aber – stimmte sie – und – konnte Schmidt die Sache glaubhaft vortragen? Rolf Breitenstein war skeptisch. Selbst das Kilo Hochglanzmaterial aus Wolfratshausens Verkehrsamt, in dem sich die Geschichte fand, vermochte ihn nicht zu überzeugen. Und mit einem Flop durften wir den Kanzler unter keinen Umständen nach Bayern schikken. Erst ein Anruf beim numismatischen Dienst der Bundesbank beseitigte alle Zweifel. Als der Kanzler das Material beim Flug studierte, konnte er sich ein Schmunzeln nicht verkneifen. Vermutlich galt es auch der Fotokopie des 50-Mark-Scheins, die ich den Redeunterlagen beigefügt hatte. Denn ein Schein, der Schmidt in die Hände falle, so der Slogan im Kanzleramt, tauche aus seinen Taschen nicht wieder auf.

Aber Wolfratshausen, das normalerweise nur eine Marginalie auf dem 81er Itinerar des Kanzlers geblieben wäre, wurde aus einem ganz anderen Grund ein historischer Ort. Denn niemand von uns ahnte, daß Schmidt hier eine Rücktrittsdrohung formulieren würde, die er einen Tag zuvor in Recklinghausen, wohin ich ihn ebenfalls begleitet hatte, erstmals angedeutet hatte. In Wolfratshausen brüllte Helmut Schmidt am 17. Mai 1981 Sätze ins Mikrophon, unter denen der Saal nach den bis dahin moderat vorgetragenen Passagen des Kanzlers förmlich zusammenzuckte: »Was nun diesen Nürnberger Beschluß angeht und ähnliche Beschlüsse, die überall in der Partei vorgelegt werden: wenn dies die Meinung der Sozialdemokratischen Partei Deutschlands auf einem Bundesparteitag wäre – das will ich hier deutlich sagen –, kann ich die Verantwortung für die Bundesregierung nicht länger tragen. Und ich wehre mich erbittert dagegen, daß es Leute in der eigenen Partei gibt, die so tun, als ob man selber das Ziel des Friedens nicht mit derselben Intensität 1981 verfolge, wie man es 1980 getan hat, auf der Grundlage ganz genau der gleichen Politik . . .«

Eine solche Drohung, eine derartig dramatische Passage steht in keinem Redeentwurf. Für Themen der großen Politik brauchte Helmut Schmidt keine Redenschreiber, wie er überhaupt Schwierigkeiten hatte, unseren Stellenwert als Zuarbeiter wie auch als Individuen richtig einzuschätzen. Im Grunde genommen erwartete er von uns nur eine gute Verwaltung seiner Reden. Denn nicht nur als Rhetoriker, sondern auch was seine Formulierungsfähigkeiten betrifft, hielt sich Helmut Schmidt für einen Meister. Realistisch gesehen, waren wir daher nur Insassen seiner Schreibstube, einer Arbeitseinheit, die benötigt wurde, weil dem Kanzler die Zeit fehlte. In den knapp zwei Jahren unserer Zusammenarbeit hat der Bundeskanzler bezeichnenderweise nicht ein einziges Mal die Arbeitsräume der Gruppe 03 besucht.

Aber Wolfratshausen zeigte auch etwas anderes, letztlich viel Wichtigeres, nämlich daß Helmut Schmidt wirklich Herr des Verfahrens war, daß Redenschreiber zu seiner Zeit im Bundeskanzleramt keine Chance hatten, die Richtlinien der Politik an irgendeinem Punkt außer Kraft zu setzen. Versuche, den Kanzler zu beeinflussen, hat es durchaus gegeben. Und wie mir scheint, sind vom Oktober 1981 an zunächst unmerklich, vom Mai 1982 jedoch verstärkt, einige Sicherheiten und Kontrollen entfallen, nachdem die Maschinerie des Bundeskanzleramtes bis dahin als Instrument uneingeschränkt der Bedienung durch Schmidt zur Verfügung gestanden hatte. Die Klimaveränderung in der »Morgenlage«, das Anwachsen des Faktors »Ideologie« in der Gruppe 03 – ohne Anweisung des Kanzlers –, habe ich deutlich gespürt.

In der Rückschau muß ich ferner auch eingestehen, daß ich – unbeabsichtigt – als Redenschreiber dazu beigetragen habe, den Abstand zwischen Politiker und Bevölkerung zu vergrößern. Denn ich ermöglichte mit meiner Arbeit, daß Schmidt zu jedem Thema etwas zu sagen hatte und es auch noch publikumswirksam vortragen konnte. Im Grunde genommen entstand dadurch ein »Führerkult«, der einer demokratischen Gesellschaft eigentlich nicht würdig ist. Warum wollte Schmidt den Eindruck erwecken, daß er sich nach einem harten Arbeitstag detailliert und intensiv auf eine Kunstausstellungseröffnung im Bundeskanzleramt vorbereitet hatte? Entsprach dies seinen Interessen oder hing es mit dem Erwartungsdruck des Publikums zusammen, das mit seinem donnernden Applaus die Einschätzung des Politikers ins Mythenhafte steigerte?

Helmut Kohl schien mir da vom Beginn seiner Kanzlerschaft an ehrlicher. Ich habe ihn häufig bei Stegreifreden ohne Konzept oder vorbereiteten Text erlebt, dadurch dem Risiko ausgesetzt, nicht telegen zu wirken. Er ist damit ein fast »authentischer« Kanzler im Fernsehen. Schmidt liebte dagegen die Inszenierung. Und vermutlich traf er damit den Massengeschmack des Publikums besser, was übrigens genauso auf die Medienmacher zutrifft, zugleich ein Hinweis auf ihre Kritikunfähigkeit und mangelnde Kompetenz zum Durchschauen von Ritualen. Genauso habe aber auch ich mitgemacht, wohl wissend, wie leicht ich zu ersetzen war. Schwerer als die Bedenken wog am Ende jedoch die Chance, vorübergehend in der Nähe eines operierenden Machtzentrums zu arbeiten – selbst wenn dies nur die Rolle des »Zaunkönigs« war.

Deutschlandflüge mit Helmut Schmidt

»Gucken Sie mal, meine Herren, da unten kann man jetzt die Startbahn West sehen.« Wolfgang Clement, der Sprecher des Parteivorstands der SPD, der persönliche Referent des Kanzlers und ich erheben uns und schauen Helmut Schmidt über die Schulter. Zwar ist die Sicht ziemlich diesig, aber nach einigem Hin und Her und nochmaliger Zielansprache durch den Kanzler sehe ich tatsächlich den abgewinkelten Strich in der Auenlandschaft am Rhein, der dem Kanzler und dem gesamten Kabinett mancherlei Probleme beschert hat, vor allem mit der südhessischen SPD.

Helmut Schmidt schaut gern aus dem Kabinenfenster, wenn er, was selten genug der Fall ist, einmal nicht Akten studiert oder die Mappe des Bundespresseamtes mit den Zeitungsausschnitten überfliegt. Und er kennt sich über den Wolken nach unzähligen Flugstunden in den Kurzstreckenmaschinen der Flugbereitschaft der Bundesluftwaffe und in den Hubschraubern des Bundesgrenzschutzes sehr gut aus. Aus vielen tausend Metern Höhe identifiziert er ohne Schwierigkeiten anhand des Verlaufens von Straßen, Eisenbahnlinien, Autobahnen oder des historischen Zentrums eine deutsche Stadt. Welche Erinnerungen mögen ihn überkommen, frage ich mich, als er bei anderer Gelegenheit in einer Maschine der US-Air Force mich an seine Seite holt, um mir die Seenplatte bei Potsdam zu erklären und zu zeigen. Denn der Anflug in der amerikanischen Militärmaschine, die der Kanzler bei Flügen nach West-Berlin immer benutzt, ist ein anderer, als wenn man mit British Airways in Berlin-Tegel ankommt. Der Bundeskanzler landet nämlich im Herzen von Berlin, in Tempelhof, wo sich die Begleitung von Helmut Schmidt immer wieder aufs neue über das kleine

Lichtband amüsiert, das die Amerikaner zu seinen Ehren am Rande des Flugfeldes anschalten: »We greet chancellor Helmut Schmidt and his party«, ist da sehr doppelsinnig zu lesen.

Zwar habe ich den Kanzler während meiner Zeit im Bundeskanzleramt nur auf Inlandsreisen begleitet. Aber selbst ein reiseerprobter Manager mit vielen Terminen wird kaum ermessen können, welche »Ubiquität« und welche Intensität des Daseins jene Reise- und Transportmöglichkeiten eröffnen, die einem Kanzler der Bundesrepublik Deutschland Tag für Tag zur Verfügung stehen. Er lebt zwei-, drei-, viermal so intensiv wie der Normalbürger. Erschöpft kam ich nach einem langen Reisetag mit dem Kanzler nach Hause und ich war froh, fürs erste wieder dem geregelten Büroalltag nachgehen zu können. Helmut Schmidt absolvierte dieses Programm jedoch beinahe tagtäglich, das ihn nicht nur in der Theorie, sondern auch in der Praxis von Hamburg, wo er meinetwegen an einem Montagmorgen in die aus Bonn kommende Maschine zustieg, nach Frankfurt am Main befördern konnte, um hier eine Stunde später einen Termin wahrzunehmen, gefolgt von einem nachmittäglichen Auftritt in München und dem abendlichen Abschluß in Aachen, womit ein 16-Stunden-Tag beschlossen sein konnte. Noch vor 20 Jahren, das muß man sich an dieser Stelle in Erinnerung rufen, haben Bundeskanzler per Limousine ihre Termine wahrgenommen, reiste Konrad Adenauer 1953 mit dem Schiff in die Vereinigten Staaten.

Heutzutage wartet wenige Schritte vom Kanzlerbungalow entfernt, im Garten des Palais Schaumburg, ein startbereiter Hubschrauber auf den Kanzler und seine Begleitung, der wenige Sekunden, nachdem sich die Gruppe in die Kabine begeben hat, abhebt, den an dieser Stelle etwa 400 Meter breiten Rhein überfliegt und etwa drei Minuten später auf dem militärischen Teil des Flughafens Köln/Bonn unweit einer Maschine der Bundesluftwaffe aufsetzt. Flugpläne für einen Bundeskanzler gibt es nicht. Er ist zwar ein Gefangener von Terminen, aber die Abfahrtszeiten von Autos und von Luftfahrzeugen bestimmt er und kein anderer. Wenige Minuten später ist man dann erneut in der Luft, um irgendein Ziel in der Bundesrepublik anzusteuern, das in der Regel in maximal 60 Minuten erreicht werden kann. Alles, was sich von Bonn aus in einem Radius von ungefähr 150 Kilometern befindet, nach Norden das Ruhrgebiet, nach Süden Frankfurt, wird per Hubschrauber angeflogen.

Dem Kanzler am Arbeitstisch gegenübersitzend, der sich im Zentrum der Flugzeugkabine befand, hatte ich manchmal das Gefühl, daß Helmut Schmidt nicht nur aus dem Fenster schaute, um die Topographie der Bundesrepublik zu studieren. Gelegentlich, so hatte es den Anschein, entstand dabei so etwas wie eine heimliche Korrespondenz mit dem Land, das wir überflogen. Unter Helmut Schmidt befand sich der geronnene Zustand der Politik, ein Gedanke, der mir vor allem beim Überfliegen des Ruhrgebiets immer wieder kam, wenn wir an den rauchenden Schloten der Stahlwerke vorbeiflogen, das Gewirr der Eisenbahnschienen überquerten und uns Köln näherten, wo die Industriebranchen allmählich moderner wurden. Auf der rechten Seite tauchte nun das gewaltige Gelände der Ford-Werke auf, während man links einen anderen Leuchtturm des modernen Industriezeitalters wahrnehmen konnte, die Bayer-Werke in Leverkusen. Eine sozialdemokratisch geprägte Industrielandschaft zog an uns vorbei, deren Formen Helmut Schmidt aufmerksam musterte.

Politik hat aber auch etwas Künstlerisches, mitunter fast Operettenhaftes. Und so erlebten wir einfach starke Augenblicke, wenn wir mit dem Kanzler einem Ziel entgegenflogen, wissend, daß Tausende von Menschen auf Helmut Schmidt warteten. Wenn wir dann in die Hallen einmarschierten, der Jubel der Massen wie eine Woge über uns zusammenschlug, gab es wagnerianische Momente, vergaßen ich und die wenigen anderen Begleiter des Kanzlers, daß wir von einer geliehenen Aura lebten, schüttelten wir Hände von Menschen, die den Kanzler beim Vorbeieilen nicht erreicht hatten. Es waren Situationen, die rational nur schwer zu vermitteln sind. Es war das, was sich wie eine Opiumwolke um ein Machtzentrum herum ablagert. Man kann von dem Stoff nicht häufig konsumieren. Aber wenn man die Gelegenheit dazu hat, zieht man den Rauch mit schnellen, gierigen Zügen ein.

Gut sechs Wochen seit dem Arbeitsgespräch mit Rolf Breitenstein beim Bundeskanzler waren verstrichen, als für mich am 9. März 1981 eine gewisse Stunde der Bewährung schlug. Denn zum ersten Male durfte ich als Redenschreiber den Bundeskanzler auf einem Flug nach Hessen begleiten. Wie immer zu Wochenbeginn flogen wir zunächst mit einer Luftwaffenmaschine nach Hamburg, um den Kanzler dort abzuholen. Er war in Begleitung seiner Frau. Vorgewarnt vom persönlichen Referenten, unter allen Umständen den Mund zu halten, saß ich mit ein wenig gesenktem Kopf da, als der Kanzler das Abteil mit dem Arbeitstisch betrat und sich prüfend umschaute. Während sich Frau Loki mit einem Lächeln setzte, deutete der Kanzler mit dem Zeigefinger auf mich und fragte: »Wer ist denn dieser Terrorist?« Wie kaum anders zu erwarten, hatte er sich von den wenigen vorangegangenen Begegnungen her mein Gesicht nicht einprägen können. Doch der locker dahingeworfene Satz, der meine Umgebung erheiterte, besaß einen durchaus ernsthaften Kern, wie ich bei späteren Kanzlerbegleitungen meine bemerkt zu haben. Denn gelegentlich zuckte Helmut Schmidt zusammen, wenn er aus einem Prozeß intensiven Nachdenkens plötzlich aufschreckte, weil ein ihm unbekanntes Gesicht in seinem Blickfeld auftauchte. Obwohl ich nie das geringste Anzeichen von Angst bei

Helmut Schmidt wahrgenommen habe, glaube ich doch, daß ihn zumindest in seinem Unterbewußtsein die Konsequenzen von Mogadischu noch immer beschäftigten. Sie lauteten schlicht und einfach, daß das Leben des Kanzlers in permanenter Gefahr war, weil man annehmen mußte, daß die versprengten Reste der Rote Armee-Fraktion (RAF) ein Ziel niemals aus den Augen verlieren würden, sich an Schmidt wegen des erfolgreichen Einsatzes der GSG 9 zu rächen. Mit dieser Hypothek, nämlich einer kolossal eingeschränkten Privatsphäre aufgrund der erforderlichen Bewachung rund um die Uhr, hatten der Kanzler und andere fortan zu leben. Es kann kaum ein Zweifel bestehen, daß die bundesrepublikanischen Erfahrungen mit dem Terrorismus auch zu eingeschränkten Dispositionen in der Gesellschaft beigetragen haben, sich für öffentliche Ämter zur Verfügung zu stellen.

Die nervöse Atmosphäre beim Eintreffen des Ehepaares Schmidt in der Maschine entspannte sich jedoch rasch, als ich dem Kanzler noch einmal die Gründe für meine Anwesenheit erläuterte. Aber es sollte noch bis zur Jahresmitte dauern, bis Helmut Schmidt sich endlich an meinen Schatten gewöhnt hatte. Als Redenschreiber des Kanzlers bin ich von meiner Umgebung jedoch nie eingeschätzt worden, sondern immer als Sicherheitsbeamter.

Wie auch bei den späteren Reisen mit Helmut Schmidt hatte ich den Veranstaltungsort in einem Frankfurter Vorort unweit des Chemiegiganten Hoechst bei einer Vorausreise ausgekundschaftet. Denn es konnte vorkommen, daß der Kanzler beim Anflug Näheres über die örtliche Parteiorganisation, über die Räumlichkeiten, etwa das Fassungsvermögen der Halle oder den Standort des Rednerpultes, wissen wollte.

Ausgestattet mit einem glänzenden Kurzzeitgedächtnis, ging Helmut Schmidt erst während des Fluges an die Vorbereitungen für eine Standardrede. Diagonal überflog er die Versatzstücke, die die Gruppe 03 mit Hilfe der anderen Abteilungen zusammengestellt hatte, und erfaßte sofort den Kern einer Aussage. Schnell waren die mit der sogenannten »Führertype«, also mit einer Schreibmaschine mit Großbuchstaben geschriebenen etwa 25 Seiten einschließlich der Anlagen überflogen. Gespannt saß ich an diesem 9. März dabei, in der Erwartung, daß der Kanzler mir eine ergänzende Frage stellen würde. Aber nichts geschah. Wortlos steckte Helmut Schmidt die Mappe wieder weg, um mit seiner Frau zu scherzen. Nicht nur an diesem Tag gab es ein paar Szenen, die an ein frisch verheiratetes Paar erinnerten. Jedenfalls ging von beiden etwas sehr Natürliches, sehr Jugendhaftes aus. Vor allem Loki Schmidt, in eine schicke Pelzjacke gehüllt, war mir mit ihrem Bubikopf und ihren blitzenden Augen vom ersten Augenblick an sehr sympathisch.

Karsten Voigt, der SPD-Bundestagsabgeordnete, in dessen Wahlkreis die Volkshochschule lag, in der Schmidt am Abend sprechen würde, half mir dabei, das Lampenfieber bei der Premiere zu unterdrücken. Filmreif fand ich die Szene aber schon, als wir in einer besonderen Parkposition am Rande des Frankfurter Flughafens in einen sogenannten VIP-Bus stiegen, der eine seltsame Anordnung für die Plüschsessel hatte, in denen wir versanken. Die Spitzen der Frankfurter Stadtverwaltung, angeführt vom Stellvertreter des Oberbürgermeisters, waren ans Flugfeld geeilt und standen nun dem Kanzler bei einem ersten Gespräch Rede und Antwort. Derweil klärte mich Voigt über die Besonderheiten der südhessischen SPD auf.

Zum ersten Mal bestieg ich dann eines der Begleitfahrzeuge, das am Ende des kleinen, von der Polizei eskortierten Konvois zum Veranstaltungsort fuhr. Und ich durfte auch, was keine ausgemachte Sache war, mit den happy few in einen Raum hineinschlüpfen, in dem der Bundeskanzler auf seinen Redeauftritt wartete. Als ich das Zimmer für ein paar Augenblicke verließ, wurde ich sofort mit einigen Grundsätzen des Nachrichtengeschäftes vertraut gemacht, an die ich bis dahin in meiner Naivität nicht gedacht hatte. Denn ein Redakteur von der Tagesschau-Redaktion des Hessischen Rundfunks fragte mich in ziemlich schnoddrigem Ton, ob Helmut Schmidt zu einem bestimmten Thema – ich glaube, es war die Startbahn West – sprechen werde. Wenn ja, müsse dies in den ersten zehn Minuten der Rede der Fall sein, andernfalls käme er nicht in die Tagesschau um 20 Uhr. Ich verkniff mir zu entgegnen, daß jede Kanzlerrede eine gewisse Dramaturgie habe, die man nicht willkürlich ändern könne, versprach jedoch, den Sachstand den zuständigen Stellen mitzuteilen. Jedenfalls ging der Kanzler auf das Begehren der Fernsehleute nicht ein, sondern trug seine Rede so vor, wie er sie konzipiert hatte.

Fester Bestandteil bei Reden vor Parteigliederungen war übrigens eine Passage, die Helmut Schmidt, auch dank des Mittels der Pause, meisterhaft inszenierte. Es war die Beschreibung seines innerparteilichen Standorts, den er, unter wachsendem Beifall des Saals, mit der flachen Hand an die entsprechende Stelle greifend, als »das Herz, das ein bißchen links von der Mitte schlägt« kennzeichnete. Und wenn er dies wiederholte, eine zusätzliche Diminutivform wählte wie: »ein ganz klein bißchen links . . .« und diesen Abstand mit zwei fast aneinandergelegten Fingern beschrieb, tobte der Saal. Es war die Erkennungsmelodie von Helmut Schmidt.

Erfüllt fuhr ich nach dem Abend in der Volkshochschule nach Bonn zurück. Die Zweifel, ob ich mit dem Fortgang vom Bayerischen Rundfunk die richtige Wahl getroffen hatte, waren verflogen, die Sorgen nach Presseberichten im Februar 1981 über erste Anzeichen für ein baldiges Ende der sozialliberalen Koalition vergessen. Ich hatte an diesem 9. März das Gefühl, des Kanzlers Mann zu sein.

Nur wenige Wochen später, am 18. Mai, kehrte ich mit

dem Bundeskanzler nach Frankfurt zurück, als wir der Societätsdruckerei im Stadtzentrum einen Besuch abstatteten. Es handelte sich um einen sogenannten »Betriebsbesuch«, eine Reiseform und ein Redeanlaß, die Helmut Schmidt ganz besonders schätzte. Denn hier gab es Gelegenheit, den relativ gleichförmigen Ablauf des Regierungsgeschäftes in Bonn hinter sich zu lassen und Kontakt mit dem normalen Menschen zu haben. Schmidts Ansehen bei der Arbeitnehmerschaft in der Bundesrepublik, das konnte ich bei zahlreichen ähnlichen Reisen in allen Teilen des Landes feststellen, war außerordentlich groß. Es gab ein fast wortloses Verständnis, wenn Helmut Schmidt einem Facharbeiter in einem Betrieb oder einer Akkordnäherin die Hand schüttelte. Der Kanzler wurde von den Menschen verehrt. »Helmut, Helmut-Rufe« waren, wenn wir einen Betrieb oder eine Halle betraten, an der Tagesordnung.

Im Gebäude der »Frankfurter Neuen Presse« erklommen wir im verwinkelten Treppenhaus die Gänge, die uns schließlich in das Verlagskasino führten, wo uns 600 Angehörige des Unternehmens zu einer Betriebsversammlung erwarteten. Weitere 400 harrten in den Nebenräumen aus, um das Geschehen über Monitore und Lautsprecher zu verfolgen. Auf die dreiviertelstündige Rede des Bundeskanzlers folgte eine ebensolange Diskussion, bei der der Kanzler mit seiner Schlagfertigkeit zusätzliche Sympathiepunkte machte. In der Regel waren die Fragen bei derartigen Anlässen jedoch wohlwollend. Nur in Bayern gab es einmal bei einem Besuch der Quelle AG in Nürnberg ein paar heikle Momente, als Diskussionsteilnehmer den Kanzler verbal attackierten. Aber auch hier war Schmidt umsichtig und geschickt. Provoziert hat er erregt sprechende Arbeiter nie. Bei Jungakademikern oder Genossen, die er dafür hielt, war es jedoch anders.

Die Themen, die der Kanzler bei der Rede anläßlich der Betriebsversammlung der Frankfurter Societätsdrukkerei behandelte, waren typisch für seinen politischen Pragmatismus. Da Betriebsbesuche unter Ausschluß der Öffentlichkeit stattfanden, seien zumindest die Themen erwähnt, die hier abgehandelt wurden. Denn sie besaßen exemplarischen Charakter. Der Kanzler begann mit Bemerkungen zum 125jährigen Jubiläum der Druckerei, das 1981 begangen wurde, um dann zur aktuellen Lage überzuleiten. Danach – es waren die Wochen der Attentate auf den amerikanischen Präsidenten Ronald Reagan und auf den Papst, der Ermordung von Heinz Herbert Karry – kam der Kanzler auf die Situation bei der Druckerei zurück. In einem fairen Wechselspiel zwischen Arbeitgeber- und Arbeitnehmerbelangen gelangte Schmidt sodann zur Situation im Druckgewerbe und zur laufenden Tarifrunde. Den Abschluß der Rede bildete dann die »Weltwirtschaftsoper«, ergänzt um die Wirtschaftslage Hessens und die Situation Frankfurts. Ein Appell an die Druckmedien, sich gegenüber den elektronischen Medien durch Qualitätssteigerung zu behaupten, setzte den Schlußpunkt.

Das Typische an ihr war übrigens auch, daß eine sogenannte »Versatzstückrede« von Helmut Schmidt kaum ausformulierte Sätze enthielt, sondern zumeist nur Stichworte. Im Wirtschaftsteil genügten dem Kanzler im Grunde genommen Tabellen und Vergleichszahlen. Dies war die Welt, in der sich Schmidt zu Hause fühlte. Denn mit wenigen Zahlen konnte er beliebige Minuten bestreiten, frei dabei redend und die Stimmung im Saal berücksichtigend. Dagegen meinte es der Kanzler mit meinen nuancierten Formulierungen im sogenannten »Einstieg«, also dem Beginn der Rede, nicht allzu gut. Aus der Freien Stadt Frankfurt des Jahres 1866 machte er beispielsweise eine Freie Reichsstadt. Das war Frankfurt zwischen den Jahren der Paulskirche 1848/49 und der Besetzung durch Preußen aber gerade nicht gewesen!

Einen besonders herzlichen Empfang bereiteten Helmut Schmidt die Berliner. Viermal war ich 1981 mit dem Bundeskanzler in der geteilten Stadt, die in seiner Biographie eine wichtige Rolle spielt. Denn während des Zweiten Weltkriegs war er als jung verheirateter Offizier mehrere Jahre in Berlin stationiert. Bei der ersten Stippvisite am 30. März nahm der Kanzler an einer Betriebs- und Personalrätekonferenz teil. Eine Wagenkolonne des Berliner Senats beförderte uns von Tempelhof zum »Prälat Schöneberg«, einem beliebten Versammlungsort der Berliner SPD.

Mit dem Kanzler unterwegs zu sein hieß übrigens, hellwach jeden seiner Schritte bei der An- und Abfahrt zu verfolgen. Während er die kürzeste Distanz zu seinem Wagen zurückzulegen hatte, flitzte ich mit ein paar Kollegen zum Ende des Konvois. Das erste Fahrzeug – besetzt, also weiter, das nächste – ebenfalls. Nun wurde es schon kritisch. Mit knapper Not und Mühe hechteten wir uns in das letzte zur Verfügung stehende Auto, und ehe die Türen zu waren, zog der Wagen an. Faustregel bei einer Kanzlerbegleitung war nämlich, daß in dem Augenblick, in dem die Kanzlerlimousine anfuhr, der gesamte Konvoi sich in Bewegung setzte. Es hat Kanzlermitarbeiter gegeben, die auf eigene Faust nach Bonn zurückreisen mußten, weil sie buchstäblich den »Anschluß« an Helmut Schmidt verpaßt hatten. Mit rasender Geschwindigkeit ging es nun über vorübergehend abgesperrte Straßenkreuzungen zum Veranstaltungsort. Dabei blieb nicht verborgen, daß die für den Kanzler getroffenen Sicherheitsvorkehrungen und Absperrungen in den Bundesländern recht unterschiedlich ausgelegt wurden. Man könnte sagen, in den SPD-regierten Ländern eher republikanisch, in den unionsregierten Ländern, vor allem in Bayern, fast monarchistisch.

Helmut Schmidt kam im Frühjahr 1981 deswegen so oft nach Berlin, weil er Hans-Jochen Vogel beim Kampf um das Rathaus Schöneberg unterstützen wollte. Aber man merkte bereits an der schwachen Resonanz des Publikums, daß die Chancen für die SPD nicht zum besten standen. An einem naßkalten Frühlingstag, dem 4. Mai, stand ich neben dem Kanzler, zwei Schritte hinter Peter Glotz auf dem Balkon des Rathauses Tiergarten. Unter uns verloren sich nur wenige tausend Zuschauer, die Peter Glotz mit verstärktem Stimmeinsatz bei der Stange halten wollte. Doch an den Versammlungsrändern gab es pausenlose Veränderungen. Es herrschte ein ständiges Kommen und Gehen, was auch am Redner lag. Denn die Körpersprache von Glotz war völlig überzogen. Er agierte einem Charlie Chaplin gleich und kam schlicht bei denen, die an diesem späten Nachmittag unten standen, nicht an. Erschöpft gab der Schnellredner, der kein Volkstribun war, nach wenigen Minuten auf. Nun mühte sich Hans-Jochen Vogel ab, ebenfalls mit mäßigem Erfolg, um dann dem Bundeskanzler Platz zu machen. Aber auch der hatte Mühe, den Funken zum Überspringen zu bringen. Sehr viel lauter und schmissiger ging es anschließend im Bayernzelt am Leopoldplatz zu, wo neben der Bundes- und Landesprominenz der SPD auch zahlreiche bayerische Politiker die Kulisse für das sogenannte »Sympathie-Programm« abgaben.

Den Lacherfolg des Tages hatte aber schon bei der Ankunft im Bezirksrathaus Tiergarten ein Amtsrat aus dem Bundeskanzleramt ausgelöst, der »Reisemarschall« des Kanzlers. Der sympathische Reserveoffizier hatte bei einer Vorreise für den Kanzler seine Gastgeber offenbar im unklaren über seinen Dienstrang gelassen. Als der Bezirksbürgermeister nun am Tage des Kanzlerbesuches Helmut Schmidt das Goldene Buch zur Unterschrift vorlegte, stutzte der Kanzler beim Zücken des Füllfederhalters. »Hier hat sich ja schon jemand vor mir aus dem Kanzleramt in das Buch eingetragen«, brummte er, um dann mit der Entzifferung des Namens fortzufahren. Als Helmut Schmidt zu Ende buchstabiert hatte, brachen alle

Anwesenden in ein schallendes Gelächter aus. Hans-Jochen Vogel habe ich niemals so herzhaft lachen sehen wie in diesem Augenblick. Der inkriminierte Amtsrat verzog sich mit puterrotem Gesicht und mußte sich beim Rückflug nach Bonn noch einige Sticheleien wegen seines Vorwitzes gefallen lassen. Dienstliche Konsequenzen hatte der Eintrag ins Ehrenbuch für den Beamten jedoch nicht.

Bei der Rückkehr von Redeauftritten kam es häufig vor, daß sich der Kanzler mit der Frage an uns wandte: »Habt Ihr Reaktionen des Publikums mitbekommen?« Darin zeigte sich die Isolation des Politikers, der bei allem Bemühen, den Panzer zur Außenwelt aufzubrechen, letztlich auch daran scheiterte, daß die niedrigeren Chargen in seiner Umgebung niemals gewagt hätten, Kritisches zu äußern. Formen des Byzantinismus habe ich aber auch bei hohen Beamten immer wieder beobachtet, wo Zivilcourage und beherzte Reaktionen genauso selten anzutreffen waren. Allerdings trug auch der Kanzler ein gerüttelt Maß Schuld an diesen Zuständen. Denn es paßte ihm ganz und gar nicht, wenn ich ihn nach einer Veranstaltung auf ein, zwei Aspekte hinwies, die man bei der nächsten Rede verbessern könnte. Vielleicht lag sein Unbehagen auch daran, daß man in einer solchen Situation niemals allein mit ihm war. Immer gab es einen Lauscher. Auch das machte die Kommunikation mit Helmut Schmidt schwierig.

Vier Tage nach der Tiergarten-Rede und dem Besuch des Bayernzeltes kamen wir noch einmal nach Berlin, wo nun die Schlußrunde im Wahlkampf eingeleitet wurde. Versammlungsort war wieder der »Prälat Schöneberg«, wo es am ersten Abend eine beeindruckende Situation gegeben hatte, als der Kanzler mit einer Reihe von alten Berliner Sozialdemokraten bei einem beschaulichen Kehraus Gespräche geführt hatte. Für jeden dieser Menschen nahm er sich ein paar Minuten Zeit, ging von einem Tisch zum andern. Sein Gesichtsausdruck verriet innere Bewegung. Und unwillkürlich ging es mir an diesem Abend, an dem auch Klaus Bölling teilnahm, der von der Ständigen Vertretung in Ost-Berlin herbeigeeilt war, durch den Kopf: Wer ist nun eigentlich der typische Sozialdemokrat und wer ist der Außenseiter? Folge ich meinen Eindrücken, dann war Helmut Schmidt die letzte großartige Personifizierung der Sozialdemokratie und Willy Brandt eher der Außenseiter.

Eine Bestätigung für die Annahme erhielt ich Jahre danach, genau gesagt am 27. September 1984, als Brigitte Seebacher-Brandt, die neue Ehefrau des SPD-Vorsitzenden, im Bonner Presseclub ihre Ollenhauer-Biographie vorstellte. Ein vergleichsweise interessantes Publikum und nicht die übliche Standardbesetzung bei derartigen Anlässen hatte sich in der Bundeshauptstadt versammelt. Besonders auffällig war der hohe Anteil an 70–80jährigen prominenten Sozialdemokraten, offenbar einstige Weggefährten des Vorgängers von Willy Brandt, Erich Ollenhauer. Ich verfolgte an diesem Abend den Weg von Willy Brandt genau. Aber anstatt wie Helmut Schmidt es in Berlin bei einer durchaus vergleichbaren Gruppe getan hatte, nämlich die vielleicht letzte Gelegenheit zu einem Gespräch mit den Alten zu nutzen, stand Willy Brandt abseits und unterhielt sich mit jungen, feschen Damen der Bonner Gesellschaft aus der Altersklasse seiner Frau. Dem Rencontre der Alten, zu denen er vom Jahrgang her eigentlich zuzuordnen war, ging er aus dem Weg. Nicht nur an diesem Abend fand ich, daß dem über 70jährigen etwas sehr Romantisches, etwas sehr Jugendbewegtes anhaftete.

Bei der Kanzler-Rede am 8. Mai blieb ich nur so lange am Veranstaltungsort, bis Helmut Schmidt zu reden begonnen hatte. Danach war meine Assistenz nicht länger gefragt. Leisen Schrittes entfernte ich mich Richtung Ausgang, bis hinter den Flügeltüren die Stimme des Kanzlers kaum noch zu vernehmen war. Ein Wagen des Berliner

Senats brachte mich nach Berlin-Tegel, da die amerikanische Militärmaschine, mit der wir nach Berlin gekommen waren, den Kanzler am späten Freitagabend in sein wohlverdientes Wochenende nach Hamburg befördern würde, von wo sie nach Großbritannien weiterflog. Nach dem Verlassen der Limousine tauchte ich als anonymer Mensch in der Menge unter und gab am Flugschalter von British Airways mein Ticket ab. Niemand kannte meine Identität, so daß ich in Ruhe das Wechselbad der Gefühle vom Nachmittag mit dem Kanzler, dem mehrere tausend Menschen fassenden Saal bis zu dem Weggang in der Stille mit mir allein ausmachen konnte.

Die letzte Reise mit dem Kanzler nach Berlin machte ich in diesem Jahr zur AEG-Telefunken in die Brunnenstraße. Wenige Wochen zuvor hatte ich bei Gesprächen mit der Geschäftsleitung und dem Betriebsrat die Rahmenbedingungen für den Kanzler-Besuch geklärt, und der traditionsreiche Ort hatte mir genügend Möglichkeiten geboten, dem Kanzler eine abwechslungsreiche Rede zu fabrizieren. Beginnen sollte sie mit einem Zitat von Walther Rathenau, dem Begründer der AEG und späteren Außenminister der Weimarer Republik. Dem künstlerisch interessierten Kanzler hatte ich aber auch eine Passage zu Peter Behrens aufgeschrieben, der als Architekt und künstlerischer Beirat der AEG neue Wege beim Fabrikbau während des Kaiserreiches gegangen war. Auf derartige Passagen sprang Helmut Schmidt immer gern an.

Das Besondere an dem Betriebsbesuch bei der AEG-Telefunken, die sich zu dieser Zeit in einer schwierigen Anpassungsphase befand, war jedoch die anschließende Gesprächsrunde. Denn hier traf Helmut Schmidt auf den Regierenden Bürgermeister, Richard von Weizsäcker, der Hans-Jochen Vogel bei den Wahlen zum Abgeordnetenhaus am 10. Mai geschlagen hatte. Zu seinem wachsenden Verdruß gelang es dem Bundeskanzler nicht, bei der Gesprächsrunde über Wirtschaftsfragen Berlins Richard von Weizsäcker auszustechen und gewissermaßen ins zweite Glied zu versetzen. Denn der Bürgermeister war dem Kanzler sowohl rhetorisch wie argumentativ voll gewachsen und parierte jeden Angriff von Helmut Schmidt geschickt. Büßen mußte dafür ein hoher Verbandsfunktionär der Berliner Wirtschaft, den der Kanzler schon nach wenigen Worten unterbrach, weil er seiner Meinung nach nicht schnell genug auf den Punkt kam. In fortdauernder Erinnerung an diesen Tag blieb jedoch das Duell zwischen dem Kanzler und dem Bürgermeister, das ich in dieser Form nie wieder erlebt habe. Denn in der Regel machte Helmut Schmidt schon bei den ersten Sätzen klar, wer der Chef im Ring war.

Wütende Reaktionen der eigentlich dafür zuständigen Kanzlerbegleiter zog ich mir zu, als ich dem Direktor der Bonner AEG-Vertretung vorschlug, in der Kanzlermaschine zurück nach Hause mitzufliegen. Helmut Schmidt werde mir dafür den Kopf abreißen, prophezeite einer der beiden Referenten. Nichts dergleichen geschah aber, als der Kanzler von einem kurzen Besuch am Krankenbett von Marie Schlei zurückkehrte, seiner einstigen Weggefährtin im Kanzleramt. Statt dessen bat Schmidt den AEG-Direktor zu sich, und in einer größeren Runde bezog der Kanzler nun Stellung zu tagespolitischen Themen. Das kam äußerst selten vor. Einen Tag später würde er bereits im Flugzeug nach Kairo sitzen, denn am 6. Oktober war der persönliche Freund des Kanzlers, Anwar as-Sadat, ermordet worden. Der Flug nach Ägypten zur Beerdigung sollte jedoch noch für Helmut Schmidt Folgen haben. Der abrupte Klimawechsel trug mit dazu bei, daß er sich einer Operation unterziehen mußte.

Die ganze Bundesrepublik schien an Flüssen, Baggerseen und in Freibädern zu liegen, als wir am 14. Juni 1981 zum Pfalztreffen nach Freinsheim flogen. Wir hatten an diesem Sonntag in aller Herrgottsfrühe den Kanzler zunächst mit der VFW in Hamburg abgeholt und waren von dort aus nach Heidelberg geflogen, wo wir in Sichtweite des Schlosses auf einem kleinen amerikanischen Militärflugfeld heruntergingen. Ein Hubschrauber des Bundesgrenzschutzes beförderte uns an den Stadtrand von Bad Dürkheim, wo wir unweit eines Baggersees landeten. Alles war auf den Beinen, als wir diesen rubenshaften Ausschnitt der deutschen Freizeitgesellschaft mit unserer langen Wagenkolonne hinter uns ließen, um uns in einem Weinlokal zu stärken. Der Kanzler sonderte sich hier mit Klaus von Dohnanyi ab, der noch Vorsitzender der rheinland-pfälzischen SPD war, sich jedoch schon auf dem Sprung nach Hamburg befand, wo er auf Empfehlung von Hans Apel den zurückgetretenen Hans-Ulrich Klose im Bürgermeisteramt ersetzen sollte. Nach einigen Minuten Fahrt erreichten wir dann den Kundgebungsort in dem malerischen Städtchen Freinsheim.

Tausende von Menschen drängten sich bei hochsommerlichen Temperaturen vor dem hölzernen Podest, von dem aus man die Menschenmasse überblicken konnte. Bevor Helmut Schmidt, der wie die übrigen Redner sein Jackett längst ausgezogen hatte, zu reden begann, zerrte mich ein Sicherheitsbeamter am Ärmel. »Kommen Sie sofort von dem Podium herunter«, raunzte er mich an. »Es ist völlig überlastet und kann jeden Augenblick einbrechen.« Der Mann aus Bonn hatte zwar recht, aber er hätte genausogut auch jene Bundes- und Landtagsabgeordneten hinunterzitieren können, die sich zwecks Fototermin um Helmut Schmidt drängten. Irgendwie schaffte ich es am Ende jedoch, auf Tuchfühlung mit dem Kanzler zu bleiben, der trotz brütender Hitze eine sehr kämpferische, lange Rede hielt. Als er erschöpft aufhörte und sich zu mir wandte, spürte ich zum ersten Mal Vertrautheit mit dem Kanzler. Sein angedeuteter Boxhieb an meine Brust unterstrich dies.

Wenige Minuten später begann dann der Abmarsch

zum Alten Rathaus, wo ein Empfang beim Bürgermeister von Freinsheim stattfinden sollte. Für die wenigen hundert Meter brauchten wir jedoch eine schiere Ewigkeit, da die Menschenmassen die kleine Gruppe um den Kanzler fast erdrückten. Für die Sicherheitsbeamten war die Situation stellenweise derartig bedrohlich, daß mehrere Schmidt-Fans, durchweg ältere Männer, mit Jiu-Jitsu-Griffen in die Menschenmenge zurückgeschleudert werden mußten. So etwas habe er noch nie bei Kanzlerbegleitungen erlebt, japste einer der Beamten schweißüberströmt, als wir uns schließlich bis zum Rathaus durchgekämpft hatten.

Bei Reisen mit Helmut Schmidt fiel mir auf, daß jüngere Menschen sehr viel verhaltener auf ihn reagierten als 60- bis 70jährige. Ihre fast hysterisch zu nennenden Reaktionen, wenn Helmut Schmidt Hände schüttelte, erinnerten mich an Filme von Leni Riefenstahl. Diesen einstigen Hitlerjungen und BdM-Mädchen schien das Dritte Reich, ob sie wollten oder nicht, noch in den Knochen zu stecken. Junge Menschen legten dagegen nicht jene Servilität an den Tag, sondern antworteten dem Kanzler auf Fragen natürlich und unverkrampft. Hier zeigten sich, so schien es mir, die Folgen von Demokratieerprobtheit.

Erstaunliche Unterschiede gab es schließlich auch zwischen Nord- und Süddeutschland. In Hamburg, wohin ich den Kanzler nur einmal anläßlich der Eröffnung einer Seemannsschule im Frühjahr 1982 begleitete, war Helmut Schmidt Erster unter Gleichen. Er kannte jeden seiner Gesprächspartner persönlich, so daß das Gespräch ungezwungen und direkt verlief. Im restlichen Norden der Bundesrepublik verhielten sich die Menschen ebenfalls freundschaftlich-kühl. Aber vom Ruhrgebiet an nahm dann die Begeisterung zu, wenn der Kanzler in eine Halle einmarschierte. Volksfesten gleich war die Stimmung in Bayern. Der ganze Ort schien nach dem Motto »Der Kini kommt« auf den Beinen zu sein, wenn der

Hubschrauber auf dem Fußballplatz landete. Möglicherweise hing dies aber auch mit dem Stadt-Land-Gegensatz zusammen. In Städten nahmen die Menschen nämlich kaum Notiz von der Fahrzeugkolonne mit dem Blaulicht, während ein Kanzlerbesuch auf dem Land das Thema der Woche war.

Das tausendfache Stimmengewirr drang bis in den Rathaussaal von Freinsheim, wo sich der Bürgermeister vergeblich darum bemühte, das Interesse des Kanzlers für die Gegend zu wecken. Für das Gastgeschenk, eine Sammlung von Weinen aus der Region, hatte Helmut Schmidt jedoch kein Interesse, um so mehr für die Weinkönigin. »Warum schenken Sie mir die nicht?« frotzelte er, und den Pfälzer Honoratioren verschlug es die Sprache.

Nach einem erneuten kurzen Gespräch zwischen Schmidt und von Dohnanyi flogen wir im Hubschrauber nach Heidelberg zurück. Ein Hydraulikschaden am Flugzeug zwang uns zu einer unfreiwilligen Pause, die der Kanzler mißmutig mit uns in einem kleinen Flughafenbistro, unter den aufmerksamen Blicken der amerikanischen Luftwaffensoldaten, verbrachte. Schlecht gelaunt griff sich Schmidt eine herumliegende Ausgabe der Truppenzeitschrift »Stars and Stripes«, durchblätterte sie und fragte die kleine Gruppe unvermittelt: »Was heißt auf Englisch ›Staffel‹?« Ich überlegte einen Moment und sagte: »Relay, Herr Bundeskanzler.« Schmidt musterte mich und griff sich das nächste Blatt. Eine kleine Diskussion entstand später, als es um die Frage ging, wo das große amerikanische Militärkrankenhaus liege, in Wiesbaden oder in Frankfurt. Ein Beamter aus dem gehobenen Dienst wagte der Auffassung des Kanzlers zu widersprechen und setzte auf Frankfurt, Schmidt dagegen auf Wiesbaden. Unglücklicherweise entdeckte Schmidt einige Minuten später den Standort des Hospitals in einer Broschüre. Triumphierend hielt er die Seite dem armen, kleinen Beamten entgegen und trompetete: »Sehen Sie, ich habe recht behalten.« Wolfgang Clement und ich schauten betreten weg. Um nicht noch länger in der trostlosen Umgebung am Rande des Flughafens verharren zu müssen, ordnete der Kanzler schließlich an, daß wir per Hubschrauber nach Bonn zurückfliegen und nicht länger auf die erforderliche Reparatur der Luftwaffenmaschine warten sollten. Das monotone Geräusch der Rotoren brachte uns zum Einnicken. Auch der Kanzler unterließ ausnahmsweise die Aktenarbeit.

In eine der schwierigsten Situationen, die ich während der beiden Jahre im Kanzleramt erlebt habe, geriet ich unmittelbar nach dem Ende der Sommerpause 1981, als ich Helmut Schmidt am 9. September in den Kommunalwahlkampf nach Hannover begleitete. Vor einer der größten Menschenmengen, die ich in diesen Jahren gesehen habe, sprach der Kanzler vom Balkon des Rathauses herab. Im Hintergrund unterhielt ich mich mit Egon Franke, dem Chef der Kanalarbeiterriege. Zwar hatte der Kanzler keine Mühe, nach Kurzbeiträgen von Karl Ravens und Oberbürgermeister Herbert Schmalstieg seinen Part zu bestreiten. Aber zu meiner Verwunderung hatte sich der Kanzler bei den Reden der Parteifreunde auf einen Vorsprung der Balustrade gesetzt, den Blicken der Menge damit entzogen. Verstohlen schaute ich ihn an. War Helmut Schmidt unwohl?

Ins Amt zurückgekehrt, berichtete ich von meinen Beobachtungen bei der Morgenbesprechung der Gruppe 03. Rolf Breitenstein trug sie hinüber in die Morgenlage, wonach das Unglück seinen Lauf nahm. Denn ein aus der Abteilung 5 ebenfalls in Hannover anwesender Referatsleiter bestritt vehement den Wahrheitsgehalt meiner Aussage. Albrecht Müller konfrontierte damit erneut die Morgenlage, und ich hatte einen harten Rüffel des Gruppenleiters einzustecken. Der Kanzleramtschef ließ mir ausrichten, daß ich mich mit derartigen Äußerungen zurückhalten solle, und völlig außer sich war der Leiter des Kanzlerbüros.

Wenige Wochen später, als ich mich mit meiner Frau auf einer kleinen Urlaubsreise durch Bayern in Garmisch-Partenkirchen befand, fiel mein Blick am 14. Oktober auf die Titelseite der Süddeutschen Zeitung, die mein Tischnachbar entfaltet hatte. Dem Bundeskanzler sei nach der Einlieferung in das Koblenzer Bundeswehrkrankenhaus ein Herzschrittmacher eingesetzt worden, las ich dort. Mit Betroffenheit erinnerte ich mich zurück an Hannover und mein Spießrutenlaufen im Amt. Offenbar konnte nicht sein, was nicht sein durfte. Zu viele hatten daran ein Interesse, daß der Kanzler weitermachte. Bald hetzte man ihn wieder über den Parcours der Termine.

Schon am 10. November begleitete ich Helmut Schmidt in einer merkwürdig elegischen Stimmung in die Stadthalle von Bad Godesberg. Zusammen mit dem Regierungssprecher, Kurt Becker, bestieg der Kanzler seine schwarze Limousine, ich folgte in einem weiteren Fahrzeug mit einem Referenten aus dem Leitungsbereich. Die Schlußworte der Kanzlerrede vor dem Bundesverband der Deutschen Zeitungsverleger lauteten: »In der Bundesrepublik darf es keine Kultur der Angst geben! Sondern unsere Kultur muß eine Kultur der Vernunft und damit des Wortes sein – und zugleich eine Kultur des Herzens und damit der Tapferkeit bleiben.«

Bei der Verleihung der Theodor-Wolff-Preise blieb Helmut Schmidt einen Augenblick bei der Frau von Christian Potyka, dem tragisch verstorbenen Militärkorrespondenten der Süddeutschen Zeitung, stehen, dem die höchste deutsche Journalistenauszeichnung posthum verliehen worden war. Dann nahm der Kanzler die tapfere Frau in den Arm.

Staatsbesuche

Staatsbesuche in Bonn sind etwas ganz Besonderes. Denn die Vorbereitungen finden gewissermaßen vor den Kulissen statt. Der 300 000 Einwohner zählenden Stadt, die, von zwei, drei Zentren einmal abgesehen, ihre respektable Größe einer Versammlung von über 30 Dörfern verdankt, fehlt es an Ausdehnung und Tiefe in jenen Zonen, in denen sich ein Staatsbesuch abspielt. Daher kommt der Kiebitz in Bonn auf seine Kosten.

Die Ehrenkompanie der Bundeswehr hat sich aus ihren olivgrünen Bussen geschält und steht unten am Rhein, notdürftig verdeckt durch den Gebäudetrakt des Bundesrates. Vom Zaun des Bundeskanzleramtes aus kann man den Arbeitern zusehen, die gerade den roten Teppich ausrollen. Auf den Vordächern tauchen die ersten Mitarbeiter des Bundeskanzleramtes auf, um Augen- und Ohrenzeugen der bevorstehenden Zeremonie zu sein. Keine Hausordnung kann sie davon abhalten, ihre Arbeitsplätze zu verlassen. Nervosität herrscht nun bei denen, die in der sogenannten receiving-line Aufstellung genommen haben, um vom Gast per Handschlag begrüßt zu werden. Sie ist bei Helmut Kohl übrigens wesentlich länger geworden als bei Helmut Schmidt.

Endlich ertönt die erlösende Nachricht über die Sprechfunkgeräte. Wie in einer Schulklasse, die beim Ruf »Er kommt« auf die Plätze spritzt, gerät nun Ordnung in das Chaos. Auf der B 9 ist der Verkehr gestoppt worden. Im Regierungsviertel herrscht eine plötzliche Stille. Die Polizisten drängen ein paar Schaulustige zurück. Die Soldaten erstarren. Nun betritt der Bundeskanzler mit seinem Gefolge den Vorplatz, und von der Wache des Bundesgrenzschutzes her vernimmt man den satten Brummton der Motorradeskorte. Es kann höchstens noch 20

Sekunden dauern, bis sich die Türen der Mercedes 600-Limousine mit Stuttgarter Kennzeichen öffnen werden. Der Rest ist dem Leser bekannt – aus der »Tagesschau«.

Als ich im Frühjahr 1983, also nur wenige Monate nach dem Bonner Machtwechsel, ein Hörfunkfeature über das Bundeskanzleramt produzierte, brachte mich Horst Winkel, der Pressechef des Amtes, eine Künstlernatur, die es in die Laufbahn des Ministerialrates verschlagen hat, mit einem der dienstältesten Mitarbeiter des Hauses zusammen. Dieser Mann, eine typische rheinische Frohnatur, hatte früher beim Protokoll gearbeitet. Er konnte sich daher noch gut an den ersten Staatsbesuch überhaupt, in der Zeit Konrad Adenauers, erinnern. Es war der äthiopische Kaiser Haile Selassie in der Zeit vom 8. bis 14. November 1954 gewesen. Da man offenbar an das Problem einer angemessenen Kleidung nicht rechtzeitig gedacht hatte, wurden die Beamten in letzter Minute zu einem Schneider bestellt, der Maß nahm. Abends mußten sie im Hause bleiben, weil es die erste Anprobe gab. Innerhalb von 24 Stunden waren die Fräcke mit roten Westen dann fertiggestellt und abgeliefert, insgesamt vier Exemplare. Damit war zumindestens den Anforderungen des Protokolls bei der Anfahrt Genüge getan. Denn nach der Begleitung des abessinischen Kaisers mit seinem Gefolge in den Saal wurde dann das eigentliche Protokoll tätig. Weitere herausragende Ereignisse, die dem alten Kanzleramtsmitarbeiter im Gedächtnis haftengeblieben waren, bezogen sich übrigens auf einen Besuch des Schahs von Persien im Frühjahr 1955 sowie auf eine Visite des amerikanischen Präsidenten John F. Kenndey im Juni 1963. Dafür sei der größte Aufwand betrieben worden, meinte der einstige Protokollmitarbeiter, um mir abschließend folgende Geschichte über Konrad Adenauer zum besten zu geben: »Der Bundeskanzler Konrad Adenauer war nie aufgeregt, wenn so Staatsempfänge waren. Der war nur böse, wenn er zu früh nach unten gebeten wurde, wenn er unten noch lange auf den Staatsgast warten mußte.«

Ähnliches ließ sich auch von Helmut Schmidt sagen, der immer in letzter Sekunde auf der Bildfläche erschien, im Winter mit seinem Markenzeichen, dieser, wie ich fand, nicht sonderlich ansehnlichen Mütze. Denn mochte sie im Norden noch so viele Freunde und Nachahmer finden, war sie spätestens ab der Höhe von Bonn eine Beleidigung für das Publikum und in Bayern eine Zumutung. Auch auf Auslandsreisen, etwa nach Frankreich, wäre der Kanzler gut beraten gewesen, seine Elbseglermütze im Schrank zu lassen. Natürlich war der Kanzler auch auf die ersten Minuten eines Staatsbesuchs präpariert, was sich spätestens dann zeigte, wenn der Fototermin in einem Raum im obersten Stock des Gebäudes nahte, wo sich Gast und Kanzler die Hand drückten, um dann auf einer kleinen Ledercouch Platz zu nehmen, die Helmut Kohl nach einiger Zeit pietätvollen Abwartens hinausbefördern ließ, weil es bei seiner Länge eine schlichte Unmöglichkeit war, sich fernsehgerecht zu setzen. Auch der hochaufgeschossene senegalesische Staatspräsident Abdou Diouf hatte am 2. Juli 1981 mit der Sitzhöhe des hellbraunen Ledersofas seine Schwierigkeiten. Aber kaum daß er unter Blitzlichtgewitter der Fotografen, die hinter einer Absperrung in gebührendem Abstand jedesmal einen derartigen Anlaß ablichten durften, Platz genommen hatte, verpaßte ihm Helmut Schmidt den nächsten Schock. Denn zur sichtlichen Überraschung des Afrikaners begann der Kanzler den Dialog mit folgender Bemerkung: Herr Staatspräsident, wir haben uns ingesamt schon sechsmal gesehen, in Bonn und in Dakar dann und dann, bei einer internationalen Konferenz ein weiteres Mal, bei den Vereinten Nationen in New York usw. Diouf blieb nichts anderes übrig, als zu nicken. Aber man merkte dem hochgewachsenen, gazellenartigen Mann an, daß er mit dieser Gesprächseröffnung nicht gerechnet hatte.

Obwohl nur Zaungast bei Staatsbesuchen, bei deren Vorbereitung die Gruppe 03 zu meiner Zeit nicht mehr beteiligt war, zog es mich mit Macht zum Brennpunkt des Geschehens, als der sowjetische Parteichef Leonid Breschnew am 23. November 1981 ins Kanzleramt kam.

Eine ungeheure Bewegung ergriff die Augenzeugen der Begrüßungszeremonie, die ich von der einen der beiden Journalistentribünen gegenüber vom Eingang zum Kanzlerflügel aus verfolgen konnte, als die beiden Nationalhymnen erklangen. Der sowjetische Botschafter in Bonn ließ später ausrichten, daß man die Nationalhymne noch nie so eindringlich und so gut vorgetragen außerhalb der Grenzen der Sowjetunion vernommen hätte. Wenige Minuten später versammelten sich die beiden Delegationen im Kabinettsaal. Zu meinem großen Erstaunen war die Präsenz der sowjetischen Sicherheitsbeamten nur äußerst schwach, so daß ich mich dem sowjetischen Parteichef, der soeben am Tisch Platz genommen hatte, bis auf etwa einen Meter nähern konnte. Er war von einer schweren Krankheit erkennbar gezeichnet und hatte eine unnatürliche Gesichtsfarbe. Unaufhörlich mahlte er mit seinen Kiefern und hatte ganz offenkundig Artikulationsschwierigkeiten. Besorgt verfolgte ihn sein Leibarzt, ein ebenfalls schon sehr alter Herr in Generalsuniform, der, mit zwei Taschen bewaffnet, einige Meter entfernt Platz bezog. Andrej Gromyko, den Außenminister, konnte ich ebenfalls im Gewirr erhaschen. Aber dann wurde es auch schon höchste Zeit, den Rückzug anzutreten. Der Benjamin unserer Gruppe war sogar mit dem Fotoapparat in den Saal geschlichen und hatte das historische Ereignis mit Schnappschüssen festgehalten.

Völlig anders war die Lage, als die andere Supermacht ein halbes Jahr später, Anfang Juni 1982, in Bonn ihre Aufwartung machte. Denn schon Tage bevor Ronald und

Nancy Reagan im Kanzleramt eintrafen, hatten amerikanische Sicherheitsbeamte Stellung im Hause bezogen. Phasenweise fühlten wir uns während dieser Zeit des amerikanischen Staatsbesuches in Bonn förmlich besetzt. Hinzu kam der unerhörte Materialaufwand der Amerikaner, die mit riesigen Transportmaschinen in Köln/Bonn gelandet waren, aus deren Bäuchen zwei Präsidentenhubschrauber und eine gepanzerte Limousine neben anderem Material hervorgeholt wurden. Die amerikanischen Hubschrauberpiloten weigerten sich zunächst, im Park des Kanzleramtes zu landen und verlangten, daß einige Bäume abgeholzt werden müßten. Als ihnen ihre Kollegen vom Bundesgrenzschutz jedoch eine perfekte Landung vorgeführt hatten, fühlten sie sich in ihrem Ehrgeiz gepackt und landeten zwei der in der Tat gewaltigen Vögel auf der zum Rhein abfallenden Wiese, die direkt vor dem Bungalow des Kanzlers liegt. Mit einigen Kollegen schaute ich mir die Hubschrauber während der Mittagspause an, die von Marines bewacht wurden.

Ein hoffnungsloses Unterfangen war es dann jedoch, nahe an die Zeremonie heranzukommen, bei der das Ehepaar Schmidt am Nachmittag des 9. Juni dem Ehepaar Reagan ein Seeadlerpärchen als Gastgeschenk überreichte. Vielleicht lag die Sprödigkeit der Szene daran, daß Bundeswirtschaftsminister Otto Graf Lambsdorff mit von der Partie war, auf dessen Vermittlung hin der Ankauf der Tiere erfolgt war. Vielleicht hatten aber auch Nancy und Ronald Reagan nur Respekt vor den beachtlichen Schnäbeln der Jungtiere, dem Wappenvogel der USA, die bald darauf zur sichtlichen Erleichterung der Beschenkten abtransportiert wurden. Erst jetzt verschwand auch die Drohgebärde von den Gesichtern der Sicherheitsbeamten des amerikanischen Präsidenten, die uns mit mehr oder weniger sanfter Gewalt daran gehindert hatten, näher als 50 Meter an die Übergabezeremonie heranzukommen.

Was den Inhalt der politischen Gespräche zwischen Reagan und Schmidt betraf, bekam ich nur sehr wenig davon mit, hörte jedoch, daß die amerikanische Seite die Dauer der zwei oder drei Begegnungen reduziert hatte, um Ronald Reagan nicht zu überanstrengen. Zufällig erhielt ich später auch die Gesprächsprotokolle zu Gesicht, verkneife mir jedoch inhaltliche Anmerkungen außer dem Hinweis, daß dabei auch über Spielfilme und damit über die Anfänge der beruflichen Laufbahn des amerikanischen Präsidenten gesprochen worden ist. In jedem Fall werden diese Dokumente für die Historiker, die sie im Jahr 2012 auswerten können, ein Leckerbissen sein. Da der Aktenanfall in den letzten Jahren sehr groß geworden ist und sich das Konzept der Aktenaufbewahrung im Neubau des Bundeskanzleramtes schon nach wenigen Jahren als unrealistisch erwies, werden zu den Schlüsselbeständen, die eines Tages in die Hände des Koblenzer Bundesarchivs übergehen, mit Sicherheit die Vieraugengespräche von Bundeskanzler Helmut Schmidt mit ausländischen Regierungschefs gehören. Dies gilt auch für die Staatsbesuche des Bundeskanzlers im Ausland, über die ebenfalls die Gesprächsprotokolle im Bundeskanzleramt aufbewahrt werden.

Die Kanzlerschaft Helmut Schmidts wird für den Historiker auch deswegen von großem Interesse sein, weil Helmut Schmidt vergleichsweise ein »schriftlicher Typ« war. Nie konnte er verleugnen, daß er von seinem Werdegang her nach einem vierjährigen Studium der Volkswirtschaft in den Jahren 1945/49 eine Ausbildung als Verwaltungsbeamter durchlaufen hatte. Darauf war Schmidt im Grunde genommen auch noch als Kanzler sehr stolz, und oft genug bereitete er uns Exoten ohne administrative Erfahrung mit seinen Kürzeln und Verwaltungsanweisungen am Rande eines Schriftsatzes Schwierigkeiten, so daß wir im Hause nach Beistand suchen mußten, um die Anweisungen des Kanzlers zu verstehen.

Quellenprobleme sehe ich jedoch anderswo. Denn selbst bei der Lektüre des Bundestagsprotokolls wird man davon auszugehen haben, daß dies – im strengen Sinn – nicht der Originalton des Hamburgers ist. Denn auch das Bundestagsprotokoll darf redigiert werden. Somit läßt sich über alle öffentlichen Auftritte von Bundeskanzler Helmut Schmidt, die später in Form eines gedruckten Textes niedergelegt wurden, sagen, daß sie durch den Filter des Redenschreibers gelaufen sind, aber auch die korrigierende Hand des Kanzlers gesehen haben. Ich erinnere mich an einen Kraftausdruck des Kanzlers im Bundestag, der aus dem Protokoll auf höhere Anweisung hin verschwand. Dies mag eine Marginalie sein, zu der auch die generelle Feststellung gehört, daß nach meiner Kenntnis beim Redigieren der Inhalt und damit das Gesagte letztlich nicht verändert wurden. Aber eine sichere Quellenbasis für den Historiker können die Bulletins des Bundespresseamtes und die Redesammlungen, die sogleich mehrbändig während der Amtszeit von Kanzlern auf den Markt geworfen werden, nicht sein. Ähnlich prekär ist die Quellenlage bei den Kabinettsprotokollen. Denn wie ich zu meinem großen Erstaunen von Mitarbeitern des Referats 14 im Bundeskanzleramt, also des Kabinetts- und Parlamentsreferats gehört habe, dürfen in das Protokoll nachträglich Tagesordnungspunkte aufgenommen werden, die während der Sitzung aus Zeitgründen oder aus anderen Ursachen nicht behandelt worden sind. Damit wird der Wissenschaftler eines Tages vor der ihn überraschenden Erkenntnis stehen, daß anders als früher, als das amtliche Aktenstück einen entscheidenden Aussagewert besaß, heute und in Zukunft das Tondokument eine herausragende Rolle spielen wird – sofern es nicht manipuliert, daß heißt geschnitten, worden ist. Mir scheint, daß sich die öffentlich-rechtlichen Rundfunkanstalten dieser Tatsache, dieser Pflicht für eine umfassende Archivierungspolitik, noch gar nicht bewußt sind.

Natürlich habe ich mir auch die Ankunft anderer bedeutender Staatsgäste im Bundeskanzleramt nicht entgehen lassen, den zupackenden Charme von Margaret Thatcher, die Gravität und Vornehmheit der wächsernen Gestalt von François Mitterrand, der im Frühjahr 1981 auf Valéry Giscard d'Estaing folgte, den Helmut Schmidt zum letzten Mal als französischen Staatspräsidenten bei einem abendlichen Essen in Blaesheim bei Straßburg im Februar getroffen hatte. Überstrahlt wurden diese Staatsbesuche, die alle irgendwie sehr routiniert verliefen, jedoch von der Ankunft einer spanischen Delegation, die ich miterlebt habe. Sah man sonst in der Regel alte politische Fahrensleute in der Nähe der Pensionsgrenze für den Normalbürger, so stach die spanische Mannschaft unter Anführung von König Juan Carlos und seiner Gemahlin davon schon aufgrund ihres niedrigen Durchschnittsalters deutlich ab. Denn zusammen mit Ministerpräsident Felipe González und seiner eindrucksvollen Frau war die Kerngruppe Anfang 40, die Begleiter geradezu jugendlich. Staatssekretäre und andere hohe Beamte, die vielleicht Anfang 30 waren, zogen an mir vorbei. Aber es waren darüber hinaus auch, alles in allem, sehr elegante, gutaussehende Menschen, an denen vom Kostüm, dem Anzug, den Hemden und Krawatten bis hin zu den Schuhen einfach alles stimmte. Ich hatte beim Anblick dieser Gruppe das Gefühl, daß sich in ihrer Repräsentanz der Aufbruch eines Landes aus jahrzehntelanger Friedhofsstille unter den Bedingungen einer Diktatur zeigte. Ein junges Spanien auf dem Weg nach Europa, dachte ich, als die Gruppe, stolz wie alle Menschen dieses Landes, nach dem Termin beim Kanzler das Amt verließ. – Ein in Madrid ansässiger ARD-Hörfunkkorrespondent, ein »Genosse«, entblödete sich in diesen Tagen in einem dürftigen Beitrag für die Zeitschrift »Die neue Gesellschaft/Frankfurter Hefte« nicht, auf die Gucci-Schuhe von Ministerpräsident Felipe González hinzuweisen.

Sorgen mit Staatsgeschenken, die bei derartigen Anlässen verteilt werden, hat übrigens auch Helmut Schmidt einmal gehabt. Denn bei einer Reise in die Volksrepublik China erhielt er ein Pandabär-Pärchen. Kaum nach Hause zurückgekehrt, setzte Hader und Zank zwischen den Direktoren diverser Zoos ein, ehe die Tiere schließlich im Berliner Tiergarten landeten.

Gelegentlich profitierten aber auch die Begleiter des Kanzlers von den Delegationsgeschenken, die auf Reisen verabreicht werden. So gab es im Frühjahr 1981 im Bundeskanzleramt Gesprächsstoff, als eine kopfstarke Delegation von einer Reise an den Persischen Golf zurückgekehrt war. Denn die Gaben, die der Bundeskanzler und seine Begleitung auf den Nachttischen vorgefunden hatten, waren vor allem in Saudi-Arabien äußerst großzügig ausgefallen. Kein Delegationsmitglied war hierbei leer ausgegangen, auch wenn die Schweizer Präzisionsinstrumente, um die es im folgenden geht, einen höchst unterschiedlichen Wert – gemäß dem protokollarischen Rang des Empfängers – besaßen. Ein hoher Beamter des Kanzleramtes schickte kurz nach der Rückkehr nach Bonn seine Ehefrau los, um anhand der Auslagen von Uhrenfachgeschäften den Preis des Geschenks der Ölfürsten zu ermitteln. Das Ergebnis übertraf die kühnsten Erwartungen. Denn die Uhr kostete 2500.– DM.

Spätestens hier war das Thema eine Angelegenheit der Morgenlage. Nach einigem Hin und Her gab Amtschef Manfred Lahnstein die Weisung, Kontakt mit anderen Ministerien aufzunehmen, um zu klären, wie mit den Uhren zu verfahren sei. Am Ende einigte man sich darauf, einen nicht unbeträchtlichen Teil der unterstellten Kaufsumme für die Uhren an die Staatskasse abzuführen. Erst danach gingen die arabischen Preziosen in den endgültigen Besitz der Beamten über. Übrigens machte niemand die Drohung wahr, die Uhr wieder abzugeben, wenn er etwas zahlen müsse. Die Gefahr, daß das eine oder andere Exemplar im Bonner Antiquitätenhandel auftauchen würde, wie ein Geschenk der Stadt Mainz an Willy Brandt, oder bei einem Pfandleiher, war allerdings gering, denn auf den Uhrendeckeln prangte unübersehbar das Emblem der saudischen Monarchie.

Wie ich hörte, war dies jedoch eine ganz untypische Reise, denn normalerweise erhalten nur der Bundeskanzler und die Kabinettsmitglieder Gastgeschenke. Somit gehen die Beamten leer aus. Die profitieren – ähnlich wie die Journalisten – lediglich von den Schauplätzen, an denen sich große Politik abspielt: den Luxus-Hotels, gelegentlichen Ausflugsprogrammen und einem kurzen Barbesuch. Dafür sind die Nächte um so kürzer. Denn der Troß eines Bundeskanzlers hat viel zu tun. Der Stenograph muß gehaltene Reden aufschreiben, Kommuniqués sind abzufassen oder umzuschreiben, und schließlich müssen Tischreden und Presseerkärungen angefertigt werden. Für Vergnügungen bleibt da nicht allzuviel Zeit. Und da die Maschinen der Bundesluftwaffe nicht nach Flugplänen landen und starten, fällt auch der Besuch im Duty-free-shop aus.

Bei meinen Inlandsbegleitungen habe ich nur ein einziges Mal bei einer Reise nach Bayern ein kleines Geschenk erhalten: einen Kugelschreiber aus japanischer Fertigung, in dem sich neben einer Uhr auch eine Weckeinrichtung befand. Bedauerlicherweise funktionierte das gute Stück nicht nach der Gebrauchsanweisung, sondern der Weckruf ertönte am Morgen zwei Stunden früher als geplant. Da ich das Geschenk verständlicherweise nicht beim Amtschef angemeldet hatte, der Weckton laut und durchdringlich war, verschwand es in meiner privaten Asservatenkammer.

Letzte Reisen und Abschiede

Im Vergleich zum Vorjahr war das Klima zur Jahreswende 1981 im Bundeskanzleramt sehr viel besser. Zwar war die DDR-Reise des Bundeskanzlers von der Verhängung des Kriegsrechts in Polen überschattet worden. Aber die Stimmung war sehr gelöst, als sich die Mannschaft von der Leitungsebene auf Einladung von Loki Schmidt zu einer Weihnachtsfeier am 15. Dezember versammelte. Erstmals, so hatte es den Anschein, hatte diese Formation auch selbständigen Kontakt miteinander und war nicht auf den Kanzler als Medium angewiesen. Ich hatte an diesem Tag zum ersten Mal Gelegenheit, mich länger mit Loki Schmidt zu unterhalten. Dabei ging es auch um die großen Auslandsreisen, die die frühere Lehrerin an der Seite ihres Mannes unternommen hatte. Lebhaft beschrieb Loki Schmidt mir eine Reise nach Nigeria, bei der sie mit Details des dortigen Schul- und Hochschulwesens vertraut gemacht worden war und lange Gespräche mit den Universitätspräsidenten dieses bevölkerungsreichen afrikanischen Landes geführt hatte. Die Art und Weise, wie Loki Schmidt an solche Themen heranging, zeigte deutlich, daß die Ehefrau des Bundeskanzlers mit den Ämtern ihres Mannes während der zurückliegenden 15 Jahre stetig mitgewachsen war. Zufällig kamen wir am Ende des langen Gesprächs auf Urlaubsreisen und Ziele, die das Ehepaar eines Tages, fern der Pflichten in Bonn, ansteuern werde. Dabei entsann sich Loki Schmidt ein wenig wehmütig der letzten privaten Frankreichreise mit ihrem Mann, die sie Anfang der 50er Jahre, in Erinnerung steht mir das Jahr 1953, in den Périgord unternommen hatte. Dorthin, also zu den Höhlen von Lascaux, so schwärmte sie, würde sie gern mit ihrem Mann einmal zurückkehren.

Wenn von der Intensität eines Kanzlerlebens bereits die Rede war, dann gehört dazu für Loki und Helmut Schmidt die Feststellung, daß dies auch ein Leben an zwei Schauplätzen in der Bundesrepublik war: im Bonner Kanzlerbungalow und im Privathaus in Hamburg-Langenhorn. Immer wieder fiel es mir in den beiden Jahren unserer Zusammenarbeit auf, daß der Kanzler montags mit Überlegungen und Ideen aufwartete, die man bis dahin von ihm nicht vernommen hatte. Ich führe sie auf den völlig anderen Bekannten- und Freundeskreis zurück, in dem sich das Ehepaar Schmidt am Wochenende normalerweise bewegte. Es war ein bis an die Grenzen des Möglichen ausgeweitetes Wochenende, gepaart mit einem Drang, nach Hause zu kommen, wie man ihn sonst nur von einem wehrpflichtigen Soldaten kennt. Denn nichts konnte den Bundeskanzler am frühen Freitagnachmittag davon abhalten, das Amt Richtung Hamburg zu verlassen. Und nach Bonn kehrte er erst am Montagmorgen zurück. Nimmt man also die Erwartungen des Tages, d. h. den Gedanken des Freitagmorgens, daß der Abend bereits in der vertrauten heimatlichen Umgebung stattfinden wird, dann lebte Helmut Schmidt im Grunde genommen die Hälfte der Woche in Hamburg – und das als Bundeskanzler!

Es war ein bitterkalter Januartag, als wir – von Nürnberg kommend, wo uns die VFW abgesetzt hatte – per Hubschrauber über die verschneiten Mainschleifen nach Würzburg flogen und nur wenige Minuten später am Rande von Veitshöchheim auf einem kleinen Flugfeld niedergingen. Der außerordentliche Parteitag des SPD-Bezirks Franken lief zu diesem Zeitpunkt schon einige Stunden, und brausender Beifall empfing Helmut Schmidt, als die kleine Delegation gegen 14 Uhr in den Main-Franken-Sälen eintraf. Viele der Gesichter kamen mir noch von der Veranstaltung im Bayernzelt in Berlin bekannt vor, als sich Helmut Schmidt für Hans-Jochen

Vogel ins Zeug gelegt hatte. Wie auf zahlreichen anderen Bezirkstagen der SPD ging es an diesem 16. Januar 1982 um den NATO-Doppelbeschluß. Selbst wenn in Franken mit Bruno Friedrich ein wortgewaltiger Sozialdemokrat mit einer Helmut Schmidt sehr ähnlichen Denkweise die Geschicke der SPD regelte, so zeigte mancher Wortbeitrag, daß unterhalb der Ebene der Spitzenfunktionäre ein Flächenbrand im Entstehen begriffen war, der nur noch während der Stunden eines Kanzlerauftritts beherrscht werden konnte. So erzielte Helmut Schmidt bei diesen Reisen zu den Bezirksparteitagen im Vorfeld des Münchner Parteitags im Grunde genommen nur Pyrrhussiege. Kehrte er den Hallen den Rücken, drehte sich der Wind gegen ihn und die immer kleiner werdende Zahl seiner Anhänger.

Erst nach dem Ende seiner Rede erfuhr ich vom Kanzler, daß er ausgerechnet an Veitshöchheim und sein Schloß sehr persönliche Erinnerungen besaß. Denn als Soldat war er in jungen Jahren hier am Main gewesen. Es war dunkel und schneidend kalt, als wir unweit der Kanzlermaschine auf dem Nürnberger Flughafen wieder landeten. Und es herrschte fast eine familiäre Stimmung beim Abschied vom Kanzler, der nun in sein Wochenende nach Hamburg zurückflog, während ich in Franken blieb, um für ihn einen Betriebsbesuch vorzubereiten. Bei dem spärlichen Flughafenpersonal herrschte große Aufregung, denn es hatte sich herumgesprochen, daß sich der Kanzler auf dem Vorfeld befand. Und die Begeisterung kannte keine Grenzen, als ich Postkarten mit dem Konterfei und der Faksimile-Unterschrift des Kanzlers verteilen konnte, die mir einer der Referenten noch zugesteckt hatte. Die gesamte Flughafenbesatzung von Nürnberg entpuppte sich als eine Fangemeinde von Helmut Schmidt. Und wenn sie ihn auch schon nicht leibhaftig gesehen hatte, weil sich der Vorgang des Überwechselns vom Hubschrauber auf die Luftwaffenmaschine in einiger Entfernung von der menschenleeren Empfangshalle abgespielt hatte, so waren die Flughafenbediensteten glücklich über das Schmidt-Foto und ein wenig enttäuscht, daß ich nicht sehr viel mehr dabei hatte. Ich versprach, daß dies auf dem Postweg geschehen werde.

Vier Wochen danach kehrte ich mit dem Kanzler nach Nürnberg zurück, um bei der Quelle AG in Nürnberg den geplanten Betriebsbesuch zu machen. Den Zeitpunkt hatte der Kanzler nicht ohne Vorbedacht gewählt, gelang es ihm dadurch doch, dem Höhepunkt des karnevalistischen Treibens am Rhein zu entgehen. Denn an die tollen Tage in Bonn konnte und wollte sich Schmidt, der die Bundeshauptstadt mit den Jahren durchaus schätzengelernt hatte, nicht gewöhnen. Der Betriebsbesuch am 18. Februar in Franken bot daher eine willkommene Gelegenheit, direkten Anschluß an ein Wochenende in Hamburg zu gewinnen. Schon wie mich bei meinen Vorgesprächen beeindruckte nun auch die gesamte Kanzlerdelegation, zu der vor Ort der menschlich äußerst sympathische Bundeswohnungsbauminister Dieter Haack stieß, daß die Arbeit dieses großen Versandhauses eine Angelegenheit von Frauen war, Frauen, die zum Teil unvorstellbare Anmarschwege aus den Grenzregionen zur Tschechoslowakei auf sich nahmen, um der Akkordarbeit in Nürnberg nachzugehen. Es beeindruckte den Kanzler aber auch die eindrucksvolle Führungsfigur von Grete Schikkedanz, über die mir bei meinen Vorgesprächen ein Vorstandsmitglied gesagt hatte, daß sie bei der Suche nach Kostensenkungen in einem Bereich hart bleibe, nämlich was die Zuschüsse für Firmenkindergärten betreffe. Auch die Gespräche mit dem Betriebsrat hatten mir gezeigt, daß es sich bei dieser Frau um eine außergewöhnliche Unternehmerpersönlichkeit handeln mußte, die ein Herz für die Geschlechtsgenossinnen hatte, die jeden Morgen um 3, 4 Uhr früh vom Bayerischen Wald und anderswo nach Nürnberg aufbrachen. In gewisser Hinsicht war auf der politischen Seite die örtliche SPD-Bundestagsabgeordnete Renate Schmidt ein Pendant zu Frau Schickedanz. Jedenfalls bewunderte ich die Energie und den kraftvollen Einsatz der Sozialdemokratin, die uns ebenfalls begleitete. Beim Gang durch den Versandhauskomplex gelangten wir irgendwann in einen Saal mit gigantischen Dimensionen, in dem Frauen mit katzenhaften Bewegungen mit einer Hand Ziffernkolonnen in ein kleines, kreisrundes Gerät eintippten, offenbar Kundenbestellungen. Beim Betreten dieses Raumes ging es zunächst längere Zeit an Stellwänden vorbei, über die Hunderte von Frauenköpfen hinweglugten, gerade ab der Nasenspitze aufwärts zu sehen. Unwillkürlich entfuhr dem Kanzler dabei der Satz: »Kinder, das ist hier ja wie im Zoo.«

In Franken, das spürte man, fühlte sich der Kanzler sehr wohl. Die Diskussion nach der Rede von Helmut Schmidt war offen, und als wir am Nachmittag das Haus verließen, hatte sich bereits ein Großteil jener Busse wieder in Gang gesetzt, die die Frauen am Morgen über Strecken bis zu 200 Kilometer zum Arbeitsplatz gebracht hatten. Die Blumenfreundin Loki fuhr besonders beglückt heim, denn Grete Schickedanz hatte ihr zur Erinnerung an den Tag einen prächtigen japanischen Bonsai als Geschenk zukommen lassen.

In ganz kleiner Besetzung kehrte die Kanzlermaschine noch einmal am 2. Mai nach Nürnberg zurück, als es sich der Kanzler an einem Sonntag nicht nehmen ließ, Lucie und Georg Kurlbaum in dem in der Nähe gelegenen Schwaig zu besuchen. Da ich dem Kanzler die Rede geschrieben hatte, wußte ich, worum es an diesem Geburtstag von Georg Kurlbaum ging, nämlich um einen der politischen Ziehväter des Kanzlers. Als Helmut Schmidt 1953 in den Bundestag kam, hatte sich der Ältere des Jüngeren angenommen. Dazu haben nicht nur die gemeinsamen Interessen im wirtschaftspolitischen Ausschuß des

Bundestages beigetragen, sondern vermutlich auch die gemeinsame Passion für Amerika. Denn Georg Kurlbaum, der Vorstandsvorsitzende der Metrawatt AG in Nürnberg, einem Unternehmen zur Produktion von Meßgeräten, hatte in der Schlußphase der Weimarer Republik prägende Auslandserfahrungen in New York und in Chicago gesammelt. Dazu paßte übrigens auch die offenbar wichtige, formende Phase, die Helmut Schmidt als Schüler bei einem vorübergehenden Aufenthalt an einer britischen Public School 1936 durchlaufen hatte. Der persönliche Referent des Kanzlers, der bei der Feier für Georg Kurlbaum an diesem 2. Mai 1982 dabeigewesen war, berichtete mir jedenfalls anschließend, daß er kaum solch einen Redeanlaß des Kanzlers, solche Begeisterungsszenen, solche Herzlichkeit wie hier in Schwaig bei Nürnberg erlebt habe. Das Besondere am Ehepaar Kurlbaum, den Freunden des Paares Schmidt, dürfte darüber hinaus gewesen sein, daß auch Lucie Kurlbaum eine ehemalige Bundestagsabgeordnete war, das Ehepaar Kurlbaum damit das bisher einzige Bundestagsabgeordneten-Ehepaar in der Geschichte der Bundesrepublik. Während die örtliche Presse vom Besuch des Kanzlers in Franken ausführlich Notiz nahm, wurde der Vorgang in Bonn nicht bekannt. Hier herrschte die übliche Raumschifftemperatur und -atmosphäre.

Dieselben Elemente, nämlich Freundschaft zu einem Älteren, wirtschaftspolitischer Sachverstand, Einzelgängertum, erfolgreiches Unternehmerdasein, waren bei einer Reise am 26. März 1982 im Spiel, als ich mit dem Kanzler zu einer Feier für Alex Möller von Bonn nach Stuttgart flog. Mit an Bord der Maschine befand sich auch Annemarie Renger, die Vizepräsidentin des Deutschen Bundestages. Sie war unerwartet kurz vor dem Start des Hubschraubers im Garten des Palais Schaumburg aufgetaucht, wie immer perfekt gekleidet, aber auch ein wenig angespannt. Denn die beiden Hubschrauberpiloten und mich klärte sie erst einmal darüber auf, wie der protokollarische Rang des Bundestagsvizepräsidenten einzustufen sei. Er entspreche dem eines Bundesministers, unterstrich Frau Renger mit einem Kopfnicken, bevor Helmut Schmidt auftauchte und das Gespräch beendete. Gegen die Begleitung durch seine Parteifreundin, die irgendeinen offiziellen Termin im Stuttgarter Raum wahrzunehmen hatte, hatte der Kanzler natürlich nichts einzuwenden. »Annemarie, während des Fluges sitzt Du neben mir«, sagte er, der einstigen Weggefährtin von Kurt Schumacher galant den Vortritt überlassend.

Im rückwärtigen Teil der Maschine herrschte eine Stimmung wie beim Ausflug einer Schulklasse. In Wirklichkeit handelte es sich jedoch um das baden-württembergische Kontingent der SPD-Bundestagsabgeordneten, die gern der Kanzlereinladung gefolgt waren und nun erwartungsvoll dem Wochenende im heimatlichen Wahlkreis entgegenblickten. Getrennt von ihnen beim Kanzler, so daß vorn für mich dieses Mal kein Platz vorhanden war, saßen die aus dem deutschen Südwesten stammenden Kabinettsmitglieder, die Minister Hauff, von Bülow und Offergeld sowie Staatsminister Huonker. Durch den Gang konnte ich sie ziemlich genau beobachten und stellte dabei fest, daß es ihnen im Grunde genommen nicht viel anders als den Beamten des Kanzleramtes ging. Helmut Schmidt arbeitete. Und niemand wagte es dann, ihn zu stören.

Ein leichter Schreck fuhr mir durch die Glieder, als mich der Kanzler nach vorne bat, um mit mir letzte Einzelheiten jener Rede zu besprechen, die er am Nachmittag anläßlich der 60jährigen Mitgliedschaft von Alex Möller in der SPD halten wollte. Ich erläuterte dem Kanzler einige biographische Details und wartete dann, neben ihm stehend, den weiteren Gang der Dinge ab, als die Lage plötzlich für mich brenzlig wurde. Denn der

Kanzler stieß beim Überfliegen der nächsten Seiten auf irgend etwas, was ihn zu dem Ausruf veranlaßte: »Wer hat denn diesen Unsinn verzapft?« Das Lächeln auf der Miene von Rainer Offergeld war wie weggeblasen, zumal der Kanzler nun schon drohender ausstieß: »Völliger Unsinn.« Allmählich machte ich mich auf Schlimmeres gefaßt. Ein Blick auf die Gesichter des Kanzlerreferenten und des Reisemarschalls zeigte mir, daß ich mit dieser Lageeinschätzung richtig lag. Als Helmut Schmidt in diesem Augenblick wieder losschimpfte und Antwort auf die Frage begehrte, wer für den Blödsinn auf den Seiten, die die Situation der SPD betrafen, verantwortlich sei, gab ich mir einen Ruck und sagte: »Herr Bundeskanzler, diese Seiten stammen nicht von der Gruppe 03, sondern von der Abteilung 5 (Planungsabteilung).« Alles blickte erstaunt auf. Da der Kanzler an diesem Tag jedoch ausnahmsweise einmal sehr gut gelaunt war, genügte ihm meine Auskunft offenbar. Denn er murmelte: »Ein Glück, daß es nicht meine ›Schreibstube‹ war.« Zur Bekräftigung für meine Behauptung deutete ich auf den Rand einiger Blätter und sagte: »Sehen Sie, Herr Bundeskanzler, hier ist im übrigen markiert, von welcher Abteilung im Hause der Beitrag stammt.« Der Kanzler schien zufrieden, denn auch der sonst übliche Satz »Hat ein Akademiker den Text auf Vollzähligkeit der Seiten hin überprüft?« unterblieb. Zufrieden und erleichtert begab ich mich an meinen Sitzplatz zurück und setzte das mit Wolfgang Roth begonnene Gespräch fort. Mein Angebot, in den Redetext für Alex Möller einmal hineinzuschauen, wenn er dies wolle, wies Roth jedoch entsetzt zurück. Wenn das der Kanzler mitbekomme, gebe es Ärger, meinte er.

Bei der Vorbereitung für die Rede war mir übrigens aufgefallen, daß, gemessen an den bescheidenen Wahlergebnissen der SPD in Baden-Württemberg und angesichts der Präferenz von Helmut Schmidt für den Norden, erstaunlich viele Schwaben und Badener, die nur gebürtigen eingerechnet, an seinem Kabinettstisch saßen. Ich kam auf Rolf Böhme, Andreas von Bülow, Peter Corterier, Kurt Gscheidle, Dieter Haack, Volker Hauff, Gunter Huonker und Rainer Offergeld.

Ein Hauch von Frühling lag in der Luft, als wir mit der kleinen Maschine in Echterdingen landeten. Am Rande des Flugplatzes war schon ein Omnibus aufgefahren, der die Bundestagsabgeordneten hinunter in die Stuttgarter Innenstadt befördern sollte. Aber einige Abgeordnete hielten es offenbar für unter ihrer Würde, ein Massenverkehrsmittel zu besteigen. Ich habe mich in den Jahren danach auf bundesdeutschen Flughäfen übrigens immer darüber gewundert, daß man unsere Volksvertreter nie zu Gesicht bekommt, bis mich eines Tages beim Warten auf den Abflug nach Moskau ein CDU-Bundestagsabgeordneter in Frankfurt am Main in einen VIP-Raum mitnahm. Hier war dann in der Tat sogleich die Prominenz versammelt. Hier trifft man also unsere Allparteienkoalitionen von den Grünen bis zur CSU.– Partout in den Bus nicht einsteigen wollte an diesem wunderschönen Märztag in Stuttgart eine feine, sehr elegante Dame, deren kostbarer Pelzmantel mir schon beim Verlassen des Flugzeuges aufgefallen war. Aber Renate Lepsius hatte bei unserem Reisemarschall kein Glück. Die wenigen verfügbaren Plätze in den drei Limousinen, die außerdem zur Fahrt in Richtung baden-württembergischer Landtag bereitstanden, hielt der Amtsrat für die Kanzlerbegleiter frei. Und ein wenig konnten wir uns das Grinsen nicht verkneifen, als die Parlamentarier etwa 20 Minuten nach uns in der Stadtmitte eintrafen. Der Kanzler hatte zu diesem Zeitpunkt schon einen kleinen Höflichkeitsbesuch hinter sich, den er, begleitet von den Kanzleramtsmitarbeitern, Landtagspräsident Gaa abgestattet hatte.

Die Feier für Alex Möller hatte trotz des festlichen Charakters komische Elemente. Denn 400 Personen aus

Politik, Wissenschaft, Wirtschaft und öffentlichem Leben in einem schönen Ambiente zu versammeln und ein Streichquartett aufzubieten, wirkte angesichts des Anlasses, nämlich einer 60jährigen Mitgliedschaft in der SPD, doch ein wenig aufgepfropft. Ich hielt die ganze Angelegenheit für einen geschickten PR-Schachzug der rührigen Landesleitung. Obwohl Alex Möller ein mittlerweile sehr alter Herr war, dessen genaues Alter zu ermitteln mir Schwierigkeiten bereitet hatte, weil es zwei Versionen gab, fiel mir die große Härte in seinen Gesichtszügen auf. Immerhin kam er beim anschließenden Empfang auf mich zu, wechselte einige Worte mit mir und dankte, als ich meine Funktion genannt hatte, für die Mitarbeit an Schmidts Rede. Der Kanzler zeigte sich mir gegenüber an diesem Tag wesentlich aufgeschlossener als üblich. Denn es war als eine Art von Vertrauensbeweis zu werten, daß er mir seine Rede in die Hand drückte, bevor wir zum Festakt in den Saal einmarschierten, und mir zuflüsterte: »Geben Sie sie mir, wenn ich sitze.«

Mit viel Wärme hielt der Kanzler dann seine Rede für den »Genossen Generaldirektor«, der schon 1928 Abgeordneter im Preußischen Landtag für einen sächsischen Wahlkreis gewesen war. Alex Möllers Kampf gegen die Nationalsozialisten, das wußte ich, imponierte Helmut Schmidt, zumal Möller zu der kleinen Gruppe von Sozialdemokraten gehört hatte, die völlig zutreffend in einem Generalstreik die einzige Chance gegen die Errichtung einer Diktatur gesehen hatte.

Bevor der Kanzler spät am Abend dann mit Alex Möller Richtung Karlsruhe aufbrach, um mit seinem Freund einige private Stunden im kleinen Kreis zu verbringen, hatte es eine weitere für mich bis dahin nicht gekannte Situation gegeben. Denn der Reisemarschall war mit der Nachricht herbeigeeilt, daß der Kanzler mich zu sprechen wünsche. Einmal davon abgesehen, daß mir in diesem Augenblick nicht ganz klar war, was der Kanzler mit mir bereden wollte, stieg der Respekt der Gesprächsgruppe, in der ich mich gerade befand, vor mir gewaltig. Denn im Nu sorgten die Leibwächter des Kanzlers dafür, daß der übliche Pulk, der den Kanzler umringte, abgehängt wurde und wir beide allein in den Landtagskatakomben ein paar Worte miteinander wechseln konnten. Wie so oft, hatte der Kanzler schon die Arbeit der kommenden Wochen vor Augen, vor allem den Münchner Parteitag. Schmidt gab mir daher die Anweisung, mit Bonn zu telefonieren und Zahlenmaterial aus der Wirtschaftsabteilung anzufordern, das ihm schon am kommenden Tag, einem Samstag, nach Hamburg übermittelt werden sollte. Als ich einige Zeit später dann mit dem Chefredenschreiber in Bonn sprach und ihm die Kanzlerweisung für die nicht mehr im Amt anwesende Abteilung 4 übermittelte, ging es mir wie jenem Unglücksboten, der eine schlechte Nachricht zu überbringen hat. Ich solle mich bloß nicht wichtig nehmen, hieß es am anderen Ende der Leitung.

Einen sehr aufschlußreichen Abschluß fand dieser Märztag in Stuttgart schließlich durch die Mitfahrgelegenheit zurück nach Bonn, die der Reisemarschall für sich und für mich ausgespäht hatte. Denn an diesem Tag hatte eine Delegation des Bundesinnenministeriums erstmalig mit der ÖTV über den Tarifabschluß des Jahres 1982 im öffentlichen Dienst in Stuttgart verhandelt. Daher konnten wir mit der Maschine und der Mannschaft von Minister Baum zurückreisen.

Ich war ziemlich erstaunt über die Kopfstärke der Delegation, mit der der Minister in Stuttgart aufgekreuzt war. Aber offenbar war für jeden Nebensatz des angestrebten Vertragswerks ein Ministerialrat zuständig. Gerhart-Rudolf Baum nahm die Meldung meines Kollegen mit einem Kopfnicken zur Kenntnis und wies uns an, weiter hinten in der Maschine Platz zu nehmen, die mit erheblicher zeitlicher Verspätung in Stuttgart gestartet war. Den übermüdeten, gereizten Minister wagte außer ein, zwei Topbeamten niemand anzusprechen.

In Bonn gelandet, wo es schon lange nach Mitternacht war, stand lediglich für den Bundesinnenminister ein Fahrzeug bereit. Gerhart-Rudolf Baum empfahl sich mit einem Lächeln und rauschte davon, die halbe Hundertschaft seiner Beamten zurücklassend, die geraume Zeit später per Bus zum Innenministerium befördert wurde. Dahin wollten wir beide jedoch nicht. Und da die Fahrbereitschaft des Kanzleramtes aus irgendeinem Grund nicht funktionierte, waren der Amtsrat und ich in dieser Nacht vorübergehend Gäste der Einsatzzentrale der Flugbereitschaft der Bundesluftwaffe. Gemeinsam mit einigen Offizieren verfluchten wir unser Referentenschicksal, beklagten die Arroganz der hohen Herren, bis irgendwann dann doch ein Pkw aufgetrieben war, der uns die 25 Kilometer zurück nach Bonn beförderte.

Während ich mir auf der Ebene der Kanzlermitarbeiter allmählich einen unangefochtenen Platz erkämpft hatte, hielten für meine Kollegen von der Gruppe 03 die »Leiden« an. Sie wurden ziemlich rüde herumgeschubst. Und wenn sie einmal den Kanzler zur irgendeinem Termin begleiten durften, wurde ihr Rayon in der allgemeinen Hackordnung genau festgelegt. Ein besonders beliebtes Spielchen der Kanzlerreferenten war es, Anfragen und Bitten des Kanzlers in »Führerbefehle« umzudeuten und damit das Gefühl der Macht ein wenig auszukosten.

Ich hatte in diesem Zusammenhang einmal ein sehr bezeichnendes Erlebnis, als wir mit dem Kanzler-Ehepaar spät am Abend von einem Tagestrip zurückkehrten und Loki Schmidt einen Mitarbeiter darum gebeten hatte, für den Transport der Blumen, die sie geschenkt bekommen hatte, in den Kanzlerbungalow zu sorgen. Bei der Abfahrt vom Flughafen landete die große Klarsichthülle plötzlich im Fond des Wagens, der mich heimfahren sollte. Auf die besorgte Frage des Fahrers, was wir denn nun tun sollten, sagte ich: »Ignorieren Sie die Anweisungen des Kollegen und fahren Sie bitte zuerst mich nach Hause.« Wir fuhren also los, und ich dachte schon, das Spielchen gewonnen zu haben, als plötzlich über Sprechfunk eine mir sehr bekannte Stimme ertönte und den Fahrer um eine genaue Angabe seiner Position bat. Aus ihr ging hervor, daß wir bereits vom Pfad der Tugend, also dem direkten Weg zum Kanzlerbungalow, abgewichen waren. Ich erhielt eine ultimative Aufforderung, die Blumen auf direktem Wege abzuliefern. Erst jetzt fügte ich mich in mein Schicksal. Der Fahrer fuhr mich zum Kanzleramt. Auf mein Klingeln an der Tür des Kanzlerbungalows öffnete einer der Leibwächter. Er nahm die Blumen mit einem sehr mitleidigen Lächeln entgegen – das Ehepaar Schmidt war natürlich längst zu Bett gegangen –, und nun endlich konnte ich mich auf den Heimweg machen. Auch auf diese Weise konnte die ohnehin nicht leichte Arbeit für den Bundeskanzler zusätzlich erschwert werden. Ob Schmidt von diesen Hahnenkämpfen wußte, ob er sie erahnte, ist mir nicht bekannt. Aber das kleine Machtvakuum, das in diesen Fragen um ihn herum herrschte, wurde von einigen Referenten eiskalt genutzt.

Es gab aber auch auf unserer Seite passende Antworten auf diese unnötig aufoktroyierten Zwänge, die mich an die urkundenfälschenden Mönche des Mittelalters erinnerten. Geradezu virtuos nutzte einer meiner Kollegen die Sesam-öffne-dich-Qualitäten der Telefonzentrale des Bundeskanzleramtes. Da kam manche Freikarte für ein Spitzenspiel der Bundesliga zusammen. Todesangst jagten wir dem Mann einmal ein, als wir ihm die Möglichkeit vor Augen führten, daß er eines Tages im Hamburger Volksparkstadion unversehens auf der Ehrentribüne zwischen dem Bundeskanzler und dem Vereinspräsidenten sitzen könnte. Denn manchmal entschied sich der Kanzler sehr kurzfristig, zu einem Schlagerspiel mit dem HSV ins Stadion zu gehen. Doch auch dies focht meinen Kollegen anscheinend nicht an. Denn wenig später leistete er sich ein besonders tolldreistes Stück, als er quasi mit der Amtshilfe der Regierungszentrale auf einem Bahnhof in Niedersachsen einen Intercity-Zug einige Minuten anhalten ließ, um damit den Anschluß nach West-Berlin zu bekommen, rechtzeitig zum Kanzlerfest am Abend.

Derartige Geschichten waren aber eher die Ausnahme, auch wenn mir im Kanzleramt die sogenannte »Obergefreiten-Runde« die eine oder andere Information verschaffte, die ich auf dem Dienstweg nicht bekommen hätte. Es war der Zusammenschluß einer Gruppe von sechs oder sieben Kollegen meines Alters, von denen ich mehrere vom Studium her bzw. von meinen Londoner Jahren her kannte. Ähnlich war das Netz auch bei meinen Kameraden geknüpft. Mit Hilfe dieser Freunde, deren Arm bis zum Vorzimmer des Bundeskanzlers reichte, ist uns der eine oder andere Coup geglückt, zum Beispiel das Abfangen von Vorlagen an den Bundeskanzler, in denen noch ein Fehler auszumerzen war.

So war die Gruppe, die sich heute über Bonn, seine Ministerien und den Auswärtigen Dienst verteilt hat, ein wichtiges Auffangbecken für uns, in dem man Zusprache nach Ärger mit Vorgesetzten erhielt, Informationen austauschte und noch einmal die Studienzeit in den Blick nahm: die »Obergefreiten-Runde« als Härtefallregelung im Kanzleramt. Jedenfalls habe ich in der Cafeteria des Bundeskanzleramtes keinen Tisch gesehen, an dem so unbeschwert gelacht wurde, so daß wir gelegentlich den mißbilligenden Blick der höheren Chargen registrieren konnten. Vom Ministerialdirigenten aufwärts ging man im Amt übrigens nicht vor 13.30 Uhr zum Mittagessen, während die Amtsräte schon gegen 11.50 Uhr Appetit hatten.

Bevor in Bonn nach der Sommerpause der Vorhang zum letzten Akt hochging, habe ich den Bundeskanzler –

sieht man einmal von der Woche des Münchner Parteitags und dem Abend des Kanzlerfestes vom 25. Juni ab – nur noch einmal zu zwei Terminen im Norden der Bundesrepublik begleitet, so daß ich insgesamt auf etwa 50 Unternehmungen an der Seite des Bundeskanzlers zurückblicken kann, die Begleitungen im Großraum Bonn eingeschlossen. Die letzte Tour vor dem intensiven, dramatischen September-Finale begann in der Vaterstadt von Helmut Schmidt mit der Eröffnung der Hafenfachschule Hamburg am 17. Mai, einem Montag, was Helmut Schmidt natürlich eine formidable Wocheneröffnung bescherte, konnte er doch noch einen halben Tag länger in seiner geliebten Stadt verweilen. Erst am späten Nachmittag tauchte er in Fuhlsbüttel auf, wo die Luftwaffenmaschine zum Flug nach Hannover schon startklar war. Dort sollte der Kanzler am Abend anläßlich der Eröffnung der Internationalen Luftfahrtschau sprechen. Es herrschte wunderbares Flugwetter, als wir an Höhe gewannen und in Blankenese die Elbe überquerten. Die Köhlbrand-Brücke lag zum Greifen nahe, und von dort ging der Blick elbeaufwärts zum Stadtzentrum, von dem die Türme herübergrüßten. Diesen Blick, den der Kanzler viele Male genossen hatte, ließ er sich auch dieses Mal nicht entgehen. Nach 25minütigem Flug landeten wir in Hannover-Langenhagen, umringt von vielen Demonstrationsobjekten der internationalen Luftfahrtindustrie.

Anders als bei der Fahrt im September 1981, bei der es nach meiner Einschätzung Schmidt gesundheitlich sehr schlecht gegangen war, nahm uns nicht eine Fahrzeugeskorte auf, sondern ein BGS-Hubschrauber. Die Erklärung dafür bekam ich später. Er überflog bald in niedriger Höhe das Häusermeer der niedersächsischen Landeshauptstadt und setzte uns direkt neben der Stadthalle auf einer Wiese unweit eines Wasserbassins ab. Kaum daß die Rotoren zum Stillstand gekommen waren, erschien die hochgewachsene Wirtschaftsministerin des Landes,

Birgit Breuel, auf der Bildfläche, um den Kanzler und die kleine Delegation die wenigen Meter Fußweg bis zur Stadthalle zu führen, in der rund 1000 Gäste den Kanzler erwarteten.

Da der Kanzler in der Nacht nach Hamburg zurückfliegen wollte und mir ohnehin die Alleinreise nach Bonn bevorstand, hatte ich mich für den Abend mit Studienfreunden verabredet und einen Treffpunkt auf der anderen Seite der Stadthalle, also am Haupteingang, ausgemacht. Dorthin zu gelangen stellte sich jedoch als eine nahezu unlösbare Aufgabe heraus, denn wie mir ein hoher Polizeibeamter sagte, war der Veranstaltungsort von Tausenden von Demonstranten, Anhängern der Friedensbewegung, umlagert. Beim Anflug mit dem Hubschrauber hatten wir dies gar nicht bemerkt. Aber die Realität in der Bundesrepublik holte mich gewissermaßen in dem Augenblick ein, als ich den vorderen Teil der Stadthalle von Hannover wenige Minuten nach dem Beginn der Kanzler-Rede erreicht hatte und – von einer dichten Polizeikette geschützt – den Straßenzug musterte, an dessen Ende meine Freunde zu vermuten waren. Die Beamten rieten mir davon ab, die wenigen hundert Meter zu meinem Treffpunkt zu gehen. Denn man könne »für meine Sicherheit nicht garantieren«. Mit etwas Beklemmung tat ich es dann doch, ließ den Kordon der Beamten hinter mir und marschierte – mein Ziel fest anvisierend – an den Absperrgittern der Polizei entlang, hinter denen eine große Menschenmenge unter gerade aufgeblühten Kastanienbäumen schweigend verharrte. Plötzlich rief jemand: »Der sieht nach Bonn aus. Wollen wir den Burschen hochnehmen?« Ich ging weiter, nichts geschah, aber die Distanz wollte kein Ende nehmen. Im Schnittpunkt der großen Straßenkreuzung sah ich plötzlich eine junge, blonde Frau winken, die Ehefrau meines Studienkollegen. Bei der Begrüßung – wir hatten uns jahrelang nicht gesehen – sagte sie mir mit einem strahlenden, entwaffnenden Lächeln, daß sie Anhängerin der Friedensbewegung sei und bei mehreren Großdemonstrationen gegen die Mittelstreckenraketen-Politik von Helmut Schmidt mit von der Partie gewesen wäre. Ich gab mir an diesem Abend viel Mühle, aber ein echtes Gespräch zwischen uns wollte nicht aufkommen.

Skizzen zu einem Porträt

Wenn der Eindruck nicht trügt, hat die öffentliche Meinung in der Bundesrepublik eine grundlegende biographische Angabe über Helmut Schmidt bisher nicht zur Kenntnis genommen bzw. verdrängt, zum einen, weil sie erst nach seiner Kanzlerschaft bekannt wurde, zum anderen, weil das Faktum seiner jüdischen Herkunft nicht zu den Stereotypen jenes Bildes paßt, das über den ehemaligen Kanzler existiert. Bezeichnenderweise hat der frühere Bundeskanzler die Tatsache eines jüdischen Großvaters väterlicherseits nur zwei Ausländern mitgeteilt, dem Briten Jonathan Carr, der 1985 eine Schmidt-Biographie vorlegte, die auch ins Deutsche übersetzt worden ist, sowie dem früheren französischen Staatspräsidenten Valéry Giscard d'Estaing, der die bewegende Szene, in der Helmut Schmidt von seiner jüdischen Herkunft berichtet, in seinen unlängst erschienenen Memoiren festgehalten hat.

Zurückblickend, verstehe ich nun besser, wie zurückhaltend Helmut Schmidt auf die wütenden Attacken des israelischen Ministerpräsidenten Menachem Begin reagiert hat und warum er als Bundeskanzler nicht nach Israel gefahren ist. Diese Reise hat er später nachgeholt. Auch liest sich manche Rede Helmut Schmidts mit diesem Wissen ausgestattet nachträglich anders, wobei ich vor allem an die Ansprache in der großen Kölner Synagoge am 9. November 1978 denke – für mich persönlich eine der eindringlichsten Reden des Bundeskanzlers überhaupt.

Eine vergleichbare Situation habe ich mit Helmut Schmidt am 1. Juli 1981 erlebt, einem strahlend schönen Sommernachmittag, an dem ich mit ihm die wenigen Schritte vom Bundeskanzleramt zum Palais Schaumburg hinüberging, wo sich eine Gruppe von älteren Menschen versammelt hatte. Aber es war nur auf den ersten Blick eine Kaffeestunde, auf den zweiten – wie ich heute weiß – die Begegnung des Kanzlers jüdischer Herkunft mit Menschen seiner Generation, die ihre Jugendjahre in Bonn verbracht hatten, ehe sie der Rassenwahn der Nationalsozialisten nach Amerika vertrieb. Diese Überlebenden des »Holocaust« waren nun dank einer großzügigen Geste und Einladung der Stadt Bonn an den Ort ihrer Kindheit zurückgekehrt und warteten im lichtdurchfluteten Saal im Erdgeschoß darauf, daß Helmut Schmidt einige Worte der Begrüßung an sie richten würde. Sie wußten nicht, daß der Kanzler beabsichtigte, eine Rede zu halten.

Den Auftrag für diese Rede hatte ich, entgegen den bis dahin mir bekannten Gepflogenheiten, ganz kurzfristig erhalten und mich zwei Tage zuvor an die Arbeit gemacht, dabei unter anderem auch auf die Kölner Synagogen-Rede zurückgreifend. Aber dies war auch ein ganz persönlicher Auftrag für mich, betraf er doch jene Bereiche und Themen, mit denen ich mich während meines Geschichtsstudiums vorrangig beschäftigt hatte. Daher war ich auch völlig schockiert, als sich, kurz nachdem ich den Entwurf der Rede an den Kanzler übermittelt hatte, der Leiter seines Büros telefonisch bei mir meldete und mir Änderungen am Text vorschlug. Er war dazu zwar nicht legitimiert, meinte jedoch, die Abwesenheit von Rolf Breitenstein, dem Chefredenschreiber, ausnutzen zu können und mir somit zu zeigen, wer Chef im Ring war. Ich hielt zwar dagegen. Aber da der Büroleiter des Kanzlers auf seinen Änderungswünschen bestand, resignierte ich mit innerer Verbitterung über die Engstirnigkeit, die mir da entgegenschlug.

Um so größer war dann mein Erstaunen bei der Rede des Kanzlers, daß Helmut Schmidt genau jene Passage vortrug, die mir sein Büroleiter weggestrichen hatte. Offenbar hatte dem Kanzler das Bild vom nationalsozialistischen Fangnetz über Deutschland und großen Teilen Europas, das sich noch nicht ganz zugezogen und somit die Flucht der Bonner Juden ermöglicht hatte, so gut gefallen, daß er die Korrektur rückgängig gemacht hatte. Aber auch aus einem anderen Grund stand ich nun bei der Veranstaltung klopfenden Herzens dabei. Denn Helmut Schmidt trug nahezu wörtlich das vor, was ich ihm aufgeschrieben hatte. Ich hatte an diesem Tag zum ersten Mal die Bestätigung für meine Ahnung, seine Gedanken und seine Gefühle ziemlich genau nachvollziehen zu können – im Grunde genommen die unabdingbare Voraussetzung für ein erfolgreiches Dasein als Redenschreiber.

Der Einklang mit Helmut Schmidt war da, der Ärger mit dem Büroleiter vergessen. Unerwartet entstand aber nun eine Situation, wie sie zu keinem anderen Zeitpunkt unserer Zusammenarbeit aufgetreten ist. Denn wie bei einem Treffen von Klassenkameraden, die sich nach vielen Jahrzehnten zum ersten Mal wiedersehen, wurde Helmut Schmidt, nachdem er seine Rede zur »Geistlichen Verantwortung und moralischen Verpflichtung gegenüber dem Judentum« beendet hatte, von den Teilnehmern der Veranstaltung umringt. Er schüttelte Hände, gab Autogramme, verteilte Fotos mit seinem Konterfei, wechselte hier und da einige Sätze, tief bewegt und wie wir von dieser Situation mit ihrer Einmaligkeit an Tiefe und Intensität gepackt. Wie mancher andere im Saal, auch meine Kollegen, hatte ich mit den Tränen zu kämpfen, als Helmut Schmidt einer aus Bonn stammenden jüdischen Amerikanerin zart über die Wange strich. Das ganze Unglück und die Tragik der jüngeren deutschen Geschichte überkamen die Kanzlerbegleiter und die anderen im Saal Versammelten mit Macht.

Kaum etwas vermag die menschliche Größe von Helmut Schmidt mehr zu unterstreichen als die Tatsache, daß er, solange er Bundeskanzler war, sich auf die Seite derer gestellt hat, die relativ farblose Lebensläufe, was die Zeit des Dritten Reiches betrifft, vorzuweisen haben. Dabei wäre es für ihn so leicht gewesen, seine Biographie zu stilisieren, eine Ahnung von Widerstand und Regimegegnerschaft hineinzubringen. Genau dem, nämlich den bequemen Weg zu gehen, hat sich Helmut Schmidt jedoch versagt. Wer seine Reden, Zeitungsartikel oder seine Bücher über einen Zeitraum von 30 Jahren hinweg studiert, wer sich das Archivmaterial der Fernsehanstalten hervorholt, um meinetwegen das große Interview mit Günter Gaus aus dem Jahre 1964 noch einmal zu sehen, wird zu dem Schluß kommen, daß der »Wiedererkennungswert« des Hamburgers außerordentlich hoch ist. Schmidt ist sich als Mensch und als Politiker ungeachtet der Zeitläufte und der rasant wechselnden Modeströmungen in der Politik in ungewöhnlichem Maße treu geblieben.

Für mich bleibt er, bei marginalen Einschränkungen, ein großartiger Mensch und Politiker, für den eine Zeitlang gearbeitet zu haben, zu den außerordentlichen Erfahrungen meines bisherigen Lebens zählt. Wenn meine Beobachtungen zutreffen, dann ist die in der SPD und in der gesamten veröffentlichten Meinung gängige Unterscheidung zwischen Willy Brandt, dem großen Visionär, der in Warschau niederkniete, und dem Macher Helmut Schmidt, der mit Hitlers Armeen nach Rußland gezogen war, völlig unzutreffend. Auch Helmut Schmidt hatte Träume, gab sich dem Experiment kühner Gedanken hin, ohne sie allerdings – wie dies die gängige deutsche bildungsbürgerliche, protestantische Tradition ist – auszusprechen. Auch Helmut Schmidt liebte die Nähe von Künstlern, musizierte mit Christoph Eschenbach und Justus Frantz. Wie gern er aus den Bonner Zwängen ausgebrochen wäre, habe ich an jenem Sommertag 1982 gespürt, als wir an einer Rede saßen, deren Entwurf er unbedingt noch am gleichen Tag studieren wollte. Plötzlich ging die Nachricht wie ein Lauffeuer durch die

Gänge, daß der Kanzler gerade per Flugzeug an die Côte d'Azur gereist sei. Ich konnte es kaum glauben, mußte mich jedoch am nächsten Tag von der Korrektheit der Information überzeugen lassen, als ein entsprechendes Foto auf der Titelseite einer großen deutschen Boulevardzeitung den Augenblick festhielt, in dem Helmut Schmidt die Yacht von Herbert von Karajan betrat.

So wie den Kanzler Konzerte interessierten und so wie man ihn gelegentlich nach der Pause bei einer Veranstaltung in der Bonner Beethoven-Halle aufkreuzen sehen konnte, so fesselten ihn auch die bildenden Künste. Einen schwachen Abglanz davon vermittelt jenes Buch über die »Kunst im Kanzleramt«, an dem neben anderen Arbeitseinheiten im Hause auch die Gruppe 03 gebastelt hat, vergeblich, denn als das Buch erschien, war Helmut Schmidt nicht mehr Bundeskanzler.

Dieser relativen Breite hinsichtlich seiner musischen Fähigkeiten und Interessen stand, wie mir scheint, mindestens genauso gewichtig die Fähigkeit zu einer gewissen Askese gegenüber. Bei der Arbeit an Reden konnte Helmut Schmidt die Zeit vergessen, trieb er, sich dabei selbst nicht schonend, die Mitarbeiter unentwegt und ohne Unterbrechungen an. Auf einem Flug nach Berlin gestand er eines Tages in den Nachmittagsstunden, seit dem Morgen noch keinen Bissen zu sich genommen zu haben. Die amerikanischen Stewards waren sichtlich entsetzt und kamen kurz danach mit ein paar belegten Broten zurück. Helmut Schmidt griff mit großer Dankbarkeit zu, nötigte aber auch zwei andere Begleiter und mich, sich vom Teller zu bedienen. Die Weintrauben überließ er uns sogar völlig.

In solchen Szenen, zu denen auch die schier endlosen Vorbereitungssitzungen für die Münchner Parteitagsrede gehörten, schien mir der Kanzler noch immer geprägt von seinen langjährigen Erfahrungen als Soldat während des Zweiten Weltkriegs. Und in der Tat gab es in seiner Umgebung manches, was auf eine gewisse Empfänglichkeit des Kanzlers für Militärisches hindeutete. So erinnerte mich sein Vorzimmer, der schneidende Ton seiner dienstältesten Sekretärin, an die Atmosphäre in einer Kompaniestube. Der Reisemarschall, obwohl als Amtsrat Zivilist, knallte die Hacken zusammen, wenn er Helmut Schmidt gegenübertrat. Und viel fehlte an einer militärischen Meldung nicht, wenn der Mann dann seinen Text herunterrasselte und mit einem Tippen an die Schläfe den Vorgang beendete. Helmut Schmidt schien dies alles jedenfalls zu gefallen, so daß ich mir sehr gut vorstellen kann, warum Erhard Eppler schon im Juli 1974 als Minister für Wirtschaftliche Zusammenarbeit entnervt das Handtuch warf. Ausschlaggebender für den Bruch war natürlich der Zusammenprall eines norddeutschen, calvinistisch geprägten Protestanten mit einem süddeutschen Pietisten.

Wer nicht einen Sachverhalt präzise und kurz und das noch mit lauter, verständlicher Stimme vortragen konnte, da Helmut Schmidt ein wenig schwerhörig war, dem gegenüber konnte er sich in der Tat äußerst grausam verhalten. Oft genug unterbrach er dann schon nach ein, zwei Sätzen seinen Gesprächspartner, ob Direktor oder Amtsrat, mit der Bemerkung: »Ich verstehe, worauf Sie hinauswollen. Fassen Sie sich bitte kurz.« Gewiß hatte Schmidt eine unerhört schnelle Auffassungsgabe. Aber hier wie in anderen Situationen fehlte ihm, wie ich fand, das Quentchen Einfühlungsvermögen und Interesse am anderen. Immer sehr, sehr hochtourig laufend, versuchte Helmut Schmidt, der gelernte Ökonom, sich die Welt als eine einzige große Datenbank zu organisieren, von der man fortlaufend Informationen abrufen konnte. Schmidt übersah dabei, daß er es mit Menschen zu tun hatte. Und dieses konsequente Ausblenden des menschlichen Faktors bei der Arbeit, die Verweigerung, Gefühle und Emotionen zu zeigen und zuzugeben, hat maßgeblich zum Auseinanderleben mit seiner Partei beigetragen.

Zur Askese Helmut Schmidts, zur militärischen Sozialisation passen natürlich auch seine persönliche Bescheidenheit und Sparsamkeit, die sowohl beim Essen wie bei seiner Kleidung unübersehbar waren. Er bevorzugte Suppen und Eintöpfe und somit alles, was »über Akten zu essen war«, wie er zu sagen pflegte. Somit hatten auch die langjährigen Erfahrungen in den Schaltstellen der Macht mit ihren zahlreichen glanzvollen gesellschaftlichen Ereignissen bei Helmut Schmidt im persönlichen Bereich keine Einstellungsänderungen bewirkt. Ganz im Gegenteil, ich hatte gelegentlich den Eindruck, daß er seine soziale Herkunft, sein Vater war Lehrer gewesen, geradezu kultivierte und dem noch einen Schuß von Hamburger Hafenarbeiterdasein hinzugab. Ob dies gespielt oder echt war, konnte ich nie ganz genau ermitteln. Vielleicht bildete sein Verhalten hier für ihn so etwas wie eine emotionale Klappbrücke zur SPD.

Obwohl Helmut Schmidt, gemessen an seinem Ehrgeiz und den seit Anfang der 50er Jahre gehegten beruflichen Ambitionen im Grunde genommen alles erreicht hatte, fehlte ihm in erstaunlichem Ausmaß Distanz gegenüber sich selbst und Gelassenheit gegenüber dem Verhalten anderer. Tag für Tag trieb er sich zu neuen Höchstleistungen an, offenbar dabei auch abhängig von permanenter neuer Bestätigung. Da er auf die leiseste Andeutung einer Kritik geradezu mimosenhaft reagierte, konnte man den Eindruck haben, daß es um sein Selbstbewußtsein nicht allzugut bestellt war. Anscheinend brauchte Helmut Schmidt fortwährende Bestätigung und Anerkennung.

Dabei war der Kanzler ein Kind seiner Zeit, somit auch mit jenen Urteilen und Vorurteilen ausgestattet, wie sie für die Generation der heute 70jährigen typisch sind. Wir unternahmen daher gelegentlich behutsame Versuche, ihn an gewissen Stellen von Formulierungen und Bildern bei Reden abzubringen, die nicht ganz stimmig waren. Aber das Weltbild des Kanzlers schien festgefügt. Es war schier unmöglich, ihn zu einer neuen Betrachtungsweise eines nichtökonomischen Phänomens zu bewegen.

Schuld daran war die Eigensinnigkeit des Kanzlers. Daß aber auch der Weltökonom nur mit Wasser kochte, darauf machte ausgerechnet Regierungssprecher Kurt Becker bei einer Morgenlage aufmerksam. Ihm sei aufgefallen, formulierte Becker bedächtig, daß der Kanzler mit nicht weniger als drei Zahlen operiere, was die Rechnung der Bundesrepublik beim Verbrauch von Erdöl betreffe. Welche Zahl stimme denn aber nun, fragte der Nicht-Ökonom mit einem triumphierenden Lächeln die Runde. Niemand wußte auf Anhieb Rat. Aber dann wurde die Zahl doch noch ermittelt.

Wenige Wochen nachdem ich meine Arbeit im Kanzleramt aufgenommen hatte, war mir im Hause der Satz begegnet, daß »Helmut Schmidt sein eigener Hilfsreferent« sei. Wie schon aus der Formulierung dieses Bonmots hervorgeht, waren es die Beamten im Bundeskanzleramt gewesen, die diese Beobachtung gemacht hatten. Es wird späteren Historikern vorbehalten bleiben, ihr Urteil darüber zu fällen, wie effizient der Regierungsstil des Kanzlers tatsächlich gewesen ist. Aber ich konnte mich in den Jahren 1980/82 oft genug nicht des Eindrucks erwehren, daß der Kanzler sich zu sehr in die Details des täglichen Regierungsgeschäftes vertiefte. Mitglieder des Kabinetts haben dies später auf meine Frage hin bestätigt und darauf verwiesen, daß nahezu jeder Bundesminister zu befürchten hatte, daß Schmidt in Detailfragen seines Ressorts besser als er selbst Bescheid wußte.

Aufgrund der mit der Zeit erreichten Querverbindungen im Hause habe ich mir einmal, wenige Tage nach einem deutsch-französischen Gipfel, die Unterlagen kommen lassen, mit denen Helmut Schmidt in das Gespräch mit dem französischen Staatspräsidenten gegangen war.

Allein der Umfang des sogenannten Deckvermerks war schon furchterregend, die komplette Mappe noch mehr. Schon nach wenigen Minuten des Durchblätterns schwirrte mir der Kopf angesichts der Fülle der Themen und Einzelheiten sowie der strategischen Anweisungen für die Gesprächsführung des Kanzlers. Selbst wenn man einmal annimmt, daß Schmidt nach sechs Kanzlerjahren die meisten Themen vertraut waren, die Unterlagen hier somit nur eine Art von Gedächtnisstütze bildeten, darf unterstellt werden, daß der Kanzler bei solchen Unterredungen mit einem riesigen Berg von Kieselsteinen zugeschüttet wurde.

Dazu trug auch ein gewisser wichtigtuerischer Beamtentypus in seiner Umgebung bei, dem Helmut Schmidt vielleicht ein wenig zu oft das Ohr schenkte. Seine bürokratischen Neigungen haben nach meinen Beobachtungen jedoch dazu beigetragen, daß das bürokratische Element im Kanzleramt noch zusätzlich verschärft wurde. Jedenfalls fand die Akte, die mit einem Dringlichkeitsvermerk an den Kanzler versehen wurde, noch immer ihren Weg zum Chef, so daß man sagen kann, daß die Filter nicht in jedem Fall funktioniert haben, um Helmut Schmidt vor einer Überflutung mit Details zu verschonen.

Gewisse Bedenken meinerseits über einen zu weit vorangetriebenen Perfektionismus beziehen sich unter anderem auch auf die Beobachtungen bei einer Mammutkonferenz zur Ausländerproblematik am 22. Juni 1982 im abhörsicheren NATO-Saal des Bundeskanzleramtes. Beteiligt daran waren die Bundesregierung mit einem halben Dutzend Vertreter, die Parteivorsitzenden und die Fraktionschefs im Deutschen Bundestag sowie Repräsentanten der Länder und der Kommunen. Es kamen aber auch Vertreter der Kirchen, beispielsweise Joseph Kardinal Höffner, der Gewerkschaften und der Arbeitgeberverbände, der Wohlfahrtsorganisationen, des Deutschen

Sportbunds und des Deutschen Bundesjugendrings. Und schließlich durften auch die Medien bei dieser Veranstaltung nicht fehlen, wie die Anwesenheit von Reinhold Vöth, der den ARD-Vorsitz hielt, und von ZDF-Intendant Dieter Stolte bezeugte. So ähnlich, dachte ich mir, muß die Konzertierte Aktion früher abgelaufen sein, als der Kanzler um Ruhe bat und die Veranstaltung kurz nach 18 Uhr beginnen konnte. Helmut Schmidt war an diesem Abend einmal mehr hervorragend präpariert, und kein Fernsehmoderator hätte die Mammutkonferenz besser als er leiten können. Denn die Fragen, die er kurz und knapp an die Teilnehmer der Runde stellte, gingen an den Kern. Das Gespräch kam zunächst sehr gut voran. Aber schon nach einer Dreiviertelstunde hatte ich das Gefühl, daß im Grunde genommen alle Argumente auf dem Tisch lagen. Danach setzten Positionskämpfe und Profilierungsversuche einzelner Beteiligter ein. Um dennoch einen gewissen Gesprächsstand festzuhalten, rief der Kanzler Klaus Bölling herbei, der mit Hilfe eines Mitarbeiters aus dem Bundespresseamt innerhalb von kürzester Zeit den Vorschlag für ein abschließendes Kommuniqué entwarf. Dennoch stellte ich mir nach der Mammutrunde die Frage, welche neuen Erkenntnisse der Hamburger dabei gewonnen hatte. Aber vielleicht verfolgte er mit der Runde einen ganz anderen Zweck, nämlich eine Art von politischer Pädagogik zur Abwehr von Ausländerfeindlichkeit. Wenn dies der Fall war, ist Helmut Schmidt auf diesem Gebiet besonders erfolgreich gewesen. Denn allen Kassandrarufen zum Trotz entstand zu Beginn der 80er Jahre kein Klima in der Bundesrepublik, in dem Ausländerhaß gedeihen konnte. Davor hatte der Kanzler große Angst. Und mit erheblicher Nervosität wurden im Kanzleramt »Wahlerfolge« von ausländerfeindlichen Listen registriert, die in norddeutschen Städten und hier in Arbeitervierteln gelegentlich auftraten.

Mit den langjährigen prägenden Erfahrungen als Soldat, zu denen sich später als verstärkendes Element ja noch die drei Jahre als Bundesverteidigungsminister hinzugesellt haben, hing möglicherweise Helmut Schmidts Verständnis für »Männerfreundschaften« in der Politik zusammen. Wenn meine Eindrücke nicht trügen, dann spielte der Gedanke von einer verläßlichen Kameradschaft in Helmut Schmidts Gefühlswelt eine dominante Rolle. Unbewußt schien er auch von einer gewissen Vorstellung, wer ein Mann, wer ein »ganzer Kerl«, ist, wie er zu sagen pflegte, geprägt. Jedenfalls mußte ich unwillkürlich in mich hineingrinsen, wenn der Kanzler einen Raum betrat, in dem wir auf ihn warteten, oder wenn er als letzter Mann den Hubschrauber bestieg. Denn er schaute sich dann mit einem Blick um, der soviel zu besagen schien wie: »Wo ist hier der Bursche, der es mit mir aufnehmen kann?« Jedenfalls umgab Helmut Schmidt etwas sehr Viriles, fast Machohaftes.

Erneut wird es Historikern vorbehalten bleiben müssen, zu ermitteln, inwieweit Helmut Schmidts Vorstellungen von Freundschaft zu Politikern Auswirkungen auf die deutsche Politik gehabt haben. Sicher scheint mir das im Fall von Edward Gierek, dem polnischen KP-Chef, gewesen zu sein, mit dem sich der Kanzler außergewöhnlich gut verstand. Ein anderes Beispiel wäre Anwar as Sadat, der Ägypter, zu dessen Gedankenwelt sich der Kanzler hingezogen fühlte. Genauso interessant wäre zu untersuchen, warum es in dem Verhältnis zwischen Helmut Schmidt und Jimmy Carter zu einem derartigen Umschlag von Sympathie in Feindschaft gekommen ist. Wie tief der Stachel bei Helmut Schmidt saß, sah man daran, daß er noch lange nach 1982 bei jeder Gelegenheit, die sich in einem ZEIT-Artikel bot, dem Amerikaner eins auszuwischen trachtete.

Zu den politischen Freunden von Schmidt gehörten natürlich auch der Brite James Callaghan und die Amerikaner Gerald Ford und George Shultz, soweit ich dies aus eigener Anschauung beurteilen kann. Dagegen schien mir Helmut Schmidt zu Valéry Giscard d'Estaing eine andere Art von freundschaftlichem Kontakt zu unterhalten. Denn in der Beziehung zu ihm fiel eine für Helmut Schmidt nicht unwichtige Komponente von vornherein aus, wenn man so will, der laute, kumpelhafte Umgang unter »ganzen Kerlen«.

Dieses Männerbild läßt sich natürlich auch auf die deutsche Innenpolitik übertragen. Und es versteht sich von selbst, daß Franz Josef Strauß oder Otto Graf Lambsdorff, um mit zwei Extrembeispielen anzufangen, bei Helmut Schmidt sehr gut ankamen. Auch Wolfgang Mischnick verstand sich mit Helmut Schmidt gut, wobei ich mir vorstellen könnte, daß er hier die längere Strecke zurückgelegt hat als der Sozialdemokrat. Ähnlich würde ich die Freundschaft mit Rainer Barzel einschätzen. Dagegen läßt sich, wie kaum anders zu erwarten, über Hans-Dietrich Genscher nur sagen, daß er als Typ ziemlich genau das Gegenteil dessen darstellte, was für Helmut Schmidt einen Partner in der Politik ausmachte. Zwar scheint der Kanzler jahrelang mit großer Selbstbeherrschung und mit Hilfe von Vermittlern wie Klaus Kinkel den Draht zu Genscher intakt gehalten zu haben. Aber ein besonderes Vertrauensverhältnis kann zwischen den beiden nicht geherrscht haben.Vermutlich war Schmidt viel zu intolerant, um dem Hallenser eine Chance zu geben. Glaubhaft ist mir von Augenzeugen berichtet worden, daß Schmidt Genscher jahrelang, also von 1974 bis etwa 1980, ziemlich herablassend behandelt hat, wofür Genscher natürlich ein hervorragendes Gedächtnis hatte, als sich in der SPD der Wind gegen Schmidt drehte. Außerdem dürfte dem Liberalen nicht entgangen sein, daß Schmidts Persönlichkeitsfaktor bei den Bundestagswahlen 1976 und 1980 vielleicht nicht so zu Buche schlug, wie es sich der Hamburger insgeheim erhofft hatte.

Im Urteil über andere war Helmut Schmidt jedenfalls

gelegentlich sehr vorschnell und allzu dezidiert. Ich war dabei, als eines Tages die Nachricht über einen Regierungswechsel in einem befreundeten, nichteuropäischen Land an ihn übermittelt wurde. Die erste Reaktion des Kanzlers war: »Der Mann ist völlig unfähig. Er wird es nicht schaffen.« Heute weiß ich, daß Helmut Schmidt mit ihm befreundet ist und ihn gelegentlich sieht. – Ähnliche Kriterien galten natürlich auch für die deutsche Innenpolitik. Und sicherlich hat Helmut Schmidt manchen Preis dafür entrichten müssen, daß ihm das Urteil über Menschen allzu leicht über die Lippen ging und der leichtsinnig dahingeworfene Satz, wie es in der Politik üblich ist, sofort an den Adressaten weitergereicht wurde.

Im Weltbild von Helmut Schmidt spielte die angloamerikanische Hemisphäre eine herausragende Rolle. Daß er als Hamburger ein besonders enges, fast emotional zu nennendes Verhältnis zu Großbritannien besaß, zu dem spezifische Jugenderinnerungen gehörten, war selbstverständlich. Weitaus wichtiger schien mir für den Kanzler aber der persönliche wie der politische Draht zu den Vereinigten Staaten zu sein. Ich erinnere mich daran, daß Helmut Schmidt in der Zeit der Abkühlung des Verhältnisses zu Washington zu Beginn der 80er Jahre fast beschwörend seine Reden mit dem Hinweis an die amerikanische Adresse eröffnete, daß er schon 49- oder 50mal in den USA gewesen sei. Auch hier wartet auf den Historiker eine Aufgabe, nämlich herauszufinden, warum Helmut Schmidt in den Wochen der Verhängung des Kriegsrechts in Polen in eine Schieflage zu den USA geriet und warum er die relativ aggressive öffentliche Ansprache an die Adresse der Washingtoner Administration wählte. Denn seiner Gefühlswelt, was Amerika betrifft, entsprach dies nicht. Bezeichnenderweise hat Helmut Schmidt wenige Wochen vor seinem Sturz eine längere Privatreise auf Einladung von George Shultz in den Westen der USA unternommen. Ich schließe nicht aus, daß er hier, beispielsweise während der Tage im »Bohemian Grove« in Kalifornien, die Strategie für das Finale von Bonn im September 1982 entworfen hat. Erstmalig operierte er auf dieser Reise, bei der er drei Reden hielt, ohne die Zuarbeit durch die für die Außenpolitik zuständige Abteilung 2 im Hause. Die Beamten zeigten sich damals sehr überrascht darüber, daß der Kanzler die Federführung seinem Chefredenschreiber überlassen hatte, der wenige Wochen später, am 1. Oktober 1982, sein Büroleiter wurde – vielleicht auch ein Indiz dafür, daß die Würfel bei Helmut Schmidt innerlich im Juni/Juli 1982 bereits zugunsten einer gezielten Beendigung der sozialliberalen Koalition gefallen waren.

Auch bei der Betrachtung der Beziehungen gegenüber der Sowjetunion kam eine starke persönliche Komponente des Kanzlers ins Spiel, die auf seine Kriegserfahrungen zurückzuführen ist. Denn Helmut Schmidt hat 1941 beim Rußlandfeldzug in einer der vorgeschobensten Einheiten Dienst getan, die die Türme von Moskau sah. Gefühle und Erinnerungen an diese Zeit mochten ihn übermannen, wenn er bei Anlässen, die die deutsch-sowjetischen Beziehungen betrafen, fast zwangsläufig auf die traumatischen Erfahrungen der sowjetischen Führung während des Zweiten Weltkriegs, auf die etwa 20 Millionen Kriegstoten, zu sprechen kam. Daß Helmut Schmidt von Beginn seiner politischen Karriere an ein genuines Interesse an Osteuropa gehabt hat, darauf deutet auch die mehrwöchige Privatreise hin, die ihn 1966 erstmalig seit der Zeit als Soldat der Deutschen Wehrmacht in die Tschechoslowakei, nach Polen und in die Sowjetunion mit einem abschließenden Abstecher nach Finnland führte.

Einen Sonderfall stellten im Denken von Helmut Schmidt die deutsch-deutschen Beziehungen dar. Wenn ich mich nicht täusche, hat Helmut Schmidt der DDR lange Zeit keine besondere Beachtung geschenkt, was auch damit zusammenhängen mag, daß er sich mit Günter Gaus, dem ersten Leiter der Ständigen Vertretung der Bundesrepublik Deutschland in Ost-Berlin, nicht verstand. Als Gaus gegen Ende der Kanzlerschaft von Helmut Schmidt durch Klaus Bölling abgelöst wurde, gingen Monate ins Land, ehe er sich zu einem knappen Abschied für Gaus bereitfand. Erst der Besuch am Werbellinsee dürfte einen Wandel im Denken von Helmut Schmidt herbeigeführt haben, wozu auch ein guter persönlicher Kontakt zu Erich Honecker gehörte, den er bis dahin persönlich offenkundig nicht sehr gemocht hatte. Dafür war die Konversion bei Helmut Schmidt – was auch vorkommen konnte – nun um so eindeutiger. Als Honecker seinen wiederholt verschobenen Besuch in der Bundesrepublik im September 1987 machte, schrieb der ehemalige Kanzler in der ZEIT, daß man ihn wie einen Bruder begrüßen müsse. In diese erstaunliche Wende bei Helmut Schmidt sind möglicherweise auch jene gesamtdeutschen Erfahrungen eingeflossen, die er als junger Mann sammelte, als er während des Krieges vorübergehend in Berlin stationiert war und große Teile Mitteldeutschlands bereiste. An diese frühen Stätten seines Lebens kehrte Helmut Schmidt nach seiner Kanzlerschaft zurück. Aber der Umdenkprozeß, die Entdeckung der DDR, hatte zuvor eingesetzt.

Einen schwächeren Zugang scheint mir der Kanzler im Vergleich zur mediterranen Welt gehabt zu haben. Dafür spricht, daß er Frankreich als entscheidenden Partner der Bundesrepublik erst in der zweiten Hälfte seiner Kanzlerschaft entdeckt hat, so daß die gemeinsam mit Valéry Giscard d'Estaing eingeleitete Initiative zur Ausschöpfung der Bestimmungen des deutsch-französischen Freundschaftsvertrages von 1963 auf militärischem Gebiet verspätet kam. Darüber hinaus scheint mir in den Vorschlägen, die Helmut Schmidt nach seinem Abschied vom Kanzleramt zur militärischen Zusammenarbeit zwischen Deutschen und Franzosen unterbreitet hat, ein Mangel an zutreffender Einschätzung Frankreichs enthalten. Was nicht überraschen kann, denn Helmut Schmidt hat es an Zeit und Muße gefehlt, Frankreich so kennenzulernen, daß er die Bewegungsgesetze des Landes erfaßte. Da der Kanzler auch nicht Französisch sprach, fehlte ihm auch von dieser Seite her wie vielen anderen Norddeutschen der Zugang zu unserem westlichen Partnerland, dessen Mentalität und Denkweise man nicht mit der Person Valéry Giscard d'Estaings gleichsetzen darf. Genau dies scheint bei Helmut Schmidt jedoch der Fall gewesen zu sein, so daß alle Vorstellungen, die er über einen Schulterschluß zwischen den alten »Erbfeinden« entwickelt hat, im Grunde genommen an einer allzu technokratischen Sehweise krankten.

Zwar haben Schmidt und Giscard d'Estaing aus Gründen eines vorteilhaften Images daheim eisern behauptet, daß sie enge Freunde seien. Dagegen spricht jedoch in erster Linie die Blitzreise des Franzosen nach Warschau im Mai 1980, wo Giscard mit Breschnew zusammentraf und damit noch einmal den Versuch unternahm, die Stränge jener Politik aufzunehmen, die Charles de Gaulle bei seiner Ostpolitik – mit deutlicher Ausrichtung gegen Deutschland – betrieben hatte. Helmut Schmidt hat sich bemüht, den Vorgang herunterzuspielen. Aber nach mir vorliegenden zuverlässigen Informationen ist der Hamburger erst etwa 48 Stunden vor dem Treffen von Warschau von Giscard d'Estaing in Kenntnis gesetzt worden. Nationalstaaten haben eigene Interessen. An diesem Befund ändert auch die deutsch-französische Freundschaft kaum etwas.

Als ich in die Dienste des Kanzleramtes eintrat, wurde zu meinem Entsetzen in die Reden des Kanzlers bei entsprechenden Anlässen der Satz hineingeschrieben: »Das einzige Wort auf französisch, das ich beherrsche, heißt ›Moulin Rouge‹.« Vorübergehend gelang es mir, dieses dem Landserjargon entstammende Wort zu eliminieren. Aber am Ende kam Helmut Schmidt auf die peinliche, unglückliche Geschichte doch wieder zurück.

Eine späte Entdeckung während seiner Kanzlerschaft war offenbar Italien. Den Zugang eröffnete der Kontakt zu Ministerpräsident Giovanni Spadolini, den Helmut Schmidt schnell persönlich schätzenlernte. Offenbar imponierte ihm die Vielseitigkeit des norditalienischen Junggesellen, der zu den Topjournalisten des Landes ebenso wie zu seinen bekanntesten Politikwissenschaftlern gehört hatte. Auch die Art und Weise, wie Italien in den 70er Jahren mit dem Terrorismus fertig geworden war, nötigte Helmut Schmidt außerordentlichen Respekt ab.

Zusammengefaßt ließe sich also sagen, daß aus dem früheren Atlantiker gegen Ende seiner Kanzlerschaft ein Zentraleuropäer mit Sympathien für die romanischsprachigen Länder geworden war. Aber das Schlüsselland für Helmut Schmidt sind die USA geblieben. Wenn er vor der Frage stünde, auszuwandern oder ins Exil zu müssen, so hat er einmal bekannt, gebe es für ihn nur ein Land: die Vereinigten Staaten von Amerika.

Hiermit bin ich nun an einem Kernpunkt meiner Sehweise über Helmut Schmidt angelangt, der sowohl mit der Phase der Entwicklung seiner Persönlichkeit im Dritten Reich und unmittelbar danach wie auch seinem beruflichen Werdegang als Volkswirtschaftler zusammenhängt. Ich meine, daß es Helmut Schmidt hier und da an so etwas wie historischer Bildung, dem Sinn für historische Zusammenhänge, mangelte. Mit Ausnahme von Ludwig Erhard würde ich alle anderen Bundeskanzler auf diesem Gebiet höher einschätzen, nicht zuletzt auch den amtierenden Regierungschef Helmut Kohl, dessen europapolitischem Engagement profunde Geschichtskenntnisse und ein tiefes historisches Bewußtsein zugrunde liegen. Dies ist kein Vorwurf an die Adresse des

Exkanzlers, sondern das Schicksal jener Kriegsgeneration, der im Grunde genommen die Zeiten beschaulicher Studienjahre fehlten, die die 68er Generation noch unter den Vorzugsbedingungen der alten deutschen Universitätslandschaft genossen hat.

Wenn Helmut Schmidt einmal in der entsprechenden Stimmung war, dann erzählte er zum Gelächter der Runde über seine Studienzeit in Hamburg, als er mit Loki mit Anzug und Mantel ins Bett gekrochen sei, weil das Zimmer nicht beheizt war, und wie man jene Literatur verschlungen habe, die den jungen Deutschen seiner Generation vorenthalten worden war: John Steinbeck, Ernest Hemingway und William Faulkner oder die französischen Existentialisten. Aber diese allgemeinbildende Phase muß für Helmut Schmidt sehr kurz gewesen sein. Denn es setzte ja schon sein Engagement in der Politik ein. Somit habe ich bei ihm keinerlei Anzeichen dafür entdeckt, daß er beispielsweise eine Vorstellung von der Entwicklung in der deutschen Geschichtsschreibung seit der »Fischer-Kontroverse«, also der Debatte um die deutschen Kriegsziele im Ersten Weltkrieg, seit Ende der 50er Jahre gehabt hat. Jedenfalls waren, soweit ich dies beurteilen kann, im Kreis seiner Freunde, Bekannten und häufigen Gesprächspartner außer dem Privatarchivar keine Historiker feststellbar. Offenkundig verließ sich Helmut Schmidt hier auf das Urteil von Hamburger Freunden. Denn gerade im letzten Halbjahr seiner Kanzlerschaft tauchten in seinen Redeentwürfen wissenschaftlich unhaltbare geopolitische Vorstellungen auf, die ich mir nur aus seiner Hamburger Szene erklären kann, denn sie waren irgendwie typisch für den Erfahrungshorizont der Generation des Kanzlers. – Auf der anderen Seite war Helmut Schmidt jedoch auch der erste deutsche Bundeskanzler, der im Oktober 1978 den deutschen Historikertag besucht hat und den Wissenschaftlern ans Herz legte, populärwissenschaftliche historische Literatur zu schreiben. Aufschlußreich ist in diesem Zusammenhang auch, daß Helmut Schmidt bei diesem Auftritt in seiner Vaterstadt Hamburg vor einer einseitig sozialstruktur-orientierten Geschichtsdeutung warnte.

Viel anfangen mit den geisteswissenschaftlichen Disziplinen konnte Helmut Schmidt in den 70er/80er Jahren offenbar nicht. An einen Besuch bei einer deutschen Universität kann ich mich jedenfalls nicht erinnern. Aus Schmidts ganzer Persönlichkeitsstruktur spricht, daß er der Theoriedebatte, der gestelzten Sprache und der Weitschweifigkeit der Ausführungen von Germanisten, Historikern und Orientalisten nichts abgewinnen konnte. Er war ein Mann der Fakten, der Statistiken, der Tat – auch wenn dies nur die eine Seite von ihm war, die künstlerischen Neigungen und Fähigkeiten ausgeblendet wurden.

Zum Schluß hat ihm jedoch ganz sicher jene Offenheit für neue Zeitströmungen gefehlt, die er hätte aufbringen müssen, um im innerparteilichen Dialog zu bestehen. Daß ihm dies letztendlich nicht möglich war, hat nach meiner Einschätzung sehr viel mit den Erfahrungen dieser Kriegsgeneration zu tun. Gelegentlich, so spürte ich, schlug bei Helmut Schmidt so etwas wie Wut und Trauer über die verpaßten Chancen seiner Generation durch, neidete er uns Referenten die vergleichsweise unbeschwerte Phase der Jugend und Ausbildungszeit, wurden unbewußt die Hürden höher gesetzt, damit es die nachfolgende Generation nicht zu leicht habe. Diese Generation der Leutnants und Flakhelfer trennte sich nur schwer von den Schalthebeln der Macht. Sie glaubte, daß ihre im Pulverdampf erworbenen existentiellen Erfahrungen, der Kampf ums nackte Überleben in den ersten Nachkriegsjahren, der Erwerb bescheidenen materiellen Wohlstands, als man nicht mehr jung war, einen Erfahrungshorizont eröffnet hatten, über den die Generation der heute 40jährigen nicht verfügte, niemals verfügen würde. Daher sah diese politische Gründergeneration, die ihr

Handwerkszeug noch bei der überlebenden politischen Klasse der Weimarer Republik erlernt hatte, die Bundesrepublik Deutschland als ihr Werk und in gewisser Weise als ihre Verfügungsmasse an. Helmut Schmidt hat uns jedenfalls immer fühlen lassen, daß wir uns noch sehr lange abzustrampeln hätten, bis wir satisfaktionsfähig wären.

Er selbst hat, als die Basis für die sozialliberale Koalition immer schmaler wurde, sich auf sich selbst zurückgezogen und versucht, die Probleme, die ihm nicht entgangen waren, durch Arbeit zu kompensieren. Schmidt setzte auf Pflichterfüllung, insgeheim hoffend, daß es politische Konstellationen geben werde, die ihm einen Verbleib im Amt ermöglichen würden. Denn etwas anderes als das lust- und lastvolle Dasein als Bundeskanzler konnte er sich nicht vorstellen. Zwar versagte ihm seine Partei die Gefolgschaft, spielten am Ende zu seinem Leidwesen gerade die Gewerkschaften nicht mehr mit, die er so lange hofiert hatte. Aber stand dem nicht die breite Zustimmung in der Bevölkerung gegenüber, die in dem Seufzer manches Unionsanhängers gipfelte, warum Helmut Schmidt nicht die Partei wechseln und Kanzler einer Unionsmehrheit werden könne?

Wer Helmut Schmidt derartig eingeschätzt hat, ist einem profunden Irrtum erlegen. Die Frage der Mitgliedschaft in der SPD hat sich meiner Meinung nach für Helmut Schmidt nie gestellt – auch nicht nach dem Kölner Raketenparteitag, als nur noch ein halbes Dutzend von Getreuen an seiner Seite verblieb. Denn Helmut Schmidt hing an seiner Biographie, kannte nichts anderes als Geradlinigkeit. Ein Parteiaustritt wäre für ihn daher ein Verrat an seiner gesamten bisherigen Lebensplanung gewesen. Hinzu kam, daß seine emotionalen Bindungen an die Partei nicht zu unterschätzen waren. Mochte auch seine soziale Herkunft nicht unbedingt auf die SPD hindeuten, so hing dann doch die gesamte Karriere des Hamburgers von der Zugehörigkeit zu dieser Partei ab und damit auch die emotionale Bindung zu vielen Menschen. Mochten die Parteien mittlerweile auch überdimensionierte, perfekte Großorganisationen geworden sein, so bewies doch der Besuch jedes Bundesparteitages, daß sie immer noch Netzwerke von Menschen sind, mit vielerlei Chancen, Emotionen auszuleben, Freundschaften aufrechtzuerhalten. Darauf konnte Helmut Schmidt niemals verzichten.

So hat sich Helmut Schmidt am Ende in dieses Bundeskanzleramt, das er häufig in der Nacht als letzter verließ, förmlich eingebunkert. Er hoffte, die störrische Partei irgendwie bändigen zu können – hatte er nicht immer die besten Argumente auf seiner Seite? Dazu kam das Gefühl, wie kein anderer die erforderliche Kompetenz für dieses Amt zu besitzen. Schwingt nicht in mancher Klage über den Mangel an großen Staatsmännern, an Persönlichkeiten in der internationalen Politik, die Helmut Schmidt in den zurückliegenden sechs Jahren vorgetragen hat, die Überzeugung mit, daß er der letzte Archetyp auf diesem Gebiet war?

Wenn die SPD mehr Interesse an der Macht gehabt hätte, dann hätte sie Schmidt stützen müssen, zumindest noch eine Zeitlang, ähnlich wie es in Frankreich die Sozialisten mit François Mitterrand tun, der ja alles andere als ein lupenreiner Linker ist. Aber bei der SPD sind politische Fragen zu oft Glaubensfragen. Und da die Bonner Parteiführung den Kanzler nicht in der Weise stützte, wie dies erforderlich und möglich gewesen wäre, mußte Helmut Schmidt letzten Endes scheitern. Ich erinnere mich noch, wie ein alter Sozialdemokrat, ehemaliger Sprecher des Hamburger Senats, mit Zorn in der Stimme losdonnerte: »Wo gibt es das, daß Wahlschlappen in den Ländern immer dem Bundeskanzler angelastet werden und der Parteivorsitzende völlig ungeschoren davonkommt?«

Angesichts der Persönlichkeitsstruktur von Helmut Schmidt wären, immer unter dem Gesichtspunkt der

Machtfrage, Einfühlungsvermögen und Flexibilität im Umgang mit dem stellvertretenden Parteivorsitzenden der SPD die Devise gewesen. Daran hat es gefehlt, überall, natürlich auch bei Helmut Schmidt. Kaum einer hat dies besser als Herbert Wehner gesehen.

Aber ich kann mich des Eindrucks nicht erwehren, daß Teile des SPD-Funktionärskorps ein Interesse an Helmut Schmidts Scheitern hatten, um Willy Brandt auf jeden Fall als Geschichtsdenkmal der zweiten deutschen Republik zu erhalten. Wer die letzten Reden von Helmut Schmidt als Bundeskanzler studiert, aber auch die wenigen Anlässe danach, der ahnt, daß hier, in diesen Texten, bereits der Kampf mit Willy Brandt um den Platz in den Geschichtsbüchern entbrannt ist.

Es scheint mir sicher, daß Helmut Schmidt eines Tages den Ort in der deutschen Nachkriegsgeschichte beziehen wird, der ihm zukommt. Spektakuläres kann er zwar kaum bieten, er hat keine Ostverträge abgeschlossen wie sein Vorgänger, dafür um so mehr mit Krisenmanagement zu tun gehabt bei der Bewältigung von zwei Energiekrisen und der Abwehr des Terrorismus, der Mitte der 70er Jahre – das ist allzuschnell vergessen worden – an die Substanz dieses Staates ging. Hierin scheint mir dann auch seine geschichtliche Bedeutung und Größe zu liegen. Denn Helmut Schmidt haßte allzu große Projektionen, obwohl in seinem Denken Makroökonomie und die Politik der großen Mächte auffällig dominieren und die Kenntnis der deutschen und europäischen Geschichte vergleichsweise schwach entwickelt zu sein scheint. Vielleicht versagte er sich aber auch gelegentlich greifbare Visionen, so wie sie sich in den deutsch-französischen Beziehungen oder im europäischen Einigungsprozeß angeboten hätten.

Dafür besorgte er um so vorbildlicher sein politisches Alltagsgeschäft, zeigte, wie man ein großes Industrieland effizient und gut regieren kann. Er tat dies ohne Schnörkel, tat aber vielleicht gerade deswegen eine ganze Menge für das, was andere hochtrabend als geistig-moralische Erziehung und Führung betitelt hätten. Von seinem angelsächsischen Demokratieverständnis herkommend, wollte Helmut Schmidt die Deutschen, die er weiterhin für Träumer und Romantiker in der Politik hielt, wetterfest für bevorstehende Stürme machen. Nicht mehr Demokratie wagen, hieß seine Devise, sondern Kontinuität und Konzentration, als er im Mai 1974 seine Regierungserklärung abgab. Schmidt steht voll in der Kontinuität bedeutender deutscher Staatsmänner. Ich würde ihn den Friedrich Fröbel der deutschen Politik nennen. Denn Helmut Schmidt war der erste deutsche demokratische Spitzenpolitiker, der seiner Regierungspraxis das Konzept der kritischen, rationalen Aufklärung zugrunde gelegt hat. Hierin liegt sein bleibendes Verdienst.

Helmut Schmidt und die SPD

Als sich der Zeitpunkt des Auseinanderbrechens der sozialliberalen Koalition näherte, verfügte der Kanzler über seine stärksten Bataillone im Ruhrgebiet. Die härtesten Rededuelle mit innerparteilichen Gegnern hatte er im Norden zu bestehen, darunter auch in Hamburg, was ihn besonders verletzt haben muß. Aber auch in Schleswig-Holstein war es nicht viel besser um seine Position bestellt. Am nachhaltigsten ist die Regierungsverantwortung der SPD und damit des Bundeskanzlers in meiner Erinnerung jedoch von der Bremer SPD in Frage gestellt worden, wo sich der Kanzler bei einem Auftritt zur Jahreswende 1981/82 eine erbitterte Redeschlacht mit seinen Kritikern geliefert hat. Diese permanenten Auseinandersetzungen auf den Bezirksparteitagen der SPD im Vorfeld des Parteikongresses von München gingen am Ende nicht spurlos an Helmut Schmidt vorüber. So muß das schlechte Wetter, das seinen Flug verhinderte, ein geradezu herbeigesehntes Argument gewesen sein, als er auf seine Teilnahme am Bezirksparteitag der ostwestfälischen SPD in Paderborn verzichtete. Er hatte einfach keine Lust mehr, sich mit Kritikern wie Manfred Coppik, Karl-Heinz Hansen und Klaus Thüsing auseinanderzusetzen.

Nach Vorarbeiten, die teilweise bis tief in die Nacht hinein gegangen waren, hatte ich mich am 17. April 1982 auf den Weg nach München gemacht, wo der »Bayerische Hof« für die Spitzenmannschaft der Partei und einen Teil der Delegierten angemietet worden war. Zu meiner Überraschung war entschieden worden, daß unsere bewährten Damen von der Gruppe 03, die üblicherweise die Kanzler-Reden schrieben, zu Hause bleiben mußten. Für die Rede von Helmut Schmidt auf dem Parteitag waren nun die beiden Kanzlersekretärinnen zuständig, die auf der obersten Etage des »Bayerischen Hofes« während der Woche in München so etwas wie einen politischen Salon organisierten.

Einen Tag später, am Sonntag, dem 18. April, traf der Bundeskanzler in München ein und versammelte kurz nach der Ankunft in einem abseits gelegenen Raum des Hotels eine Arbeitsgruppe. Zu ihr gehörten neben einigen Spitzenbeamten des Kanzleramtes auch Klaus Bölling, der im Begriff war, den Job des Regierungssprechers aus den Händen von Kurt Becker wieder zu übernehmen, sowie der Direktor des Forschungsinstituts der Deutschen Gesellschaft für Auswärtige Politik, Karl Kaiser. Auf seine Mitarbeit am außenpolitischen Teil der Rede legte Helmut Schmidt offenkundig besonderen Wert, was den Chefredenschreiber des Kanzlers in Wut und Zorn versetzte, die er in den nächsten Tagen hemmungslos an mir ausließ. Die Beteiligung von Karl Kaiser an der Rede stellte jedoch eine Ausnahme dar. Eine den Verhältnissen in den USA vergleichbare Situation, nämlich permanente wissenschaftliche Politikberatung, gab es bei Helmut Schmidt nicht. Er hielt in der Regel Distanz zu Universitätsprofessoren, beriet sich mit ihnen allenfalls punktuell, so daß von Kanzlerberatern außerhalb der Regierungszentrale keine Rede sein konnte.

Ungewollt trug Karl Kaiser jedoch dazu bei, mich am kommenden Tag aus der Arbeitsgruppe zu verdrängen, die ihre Aktivitäten in die Katakomben der Olympiahalle verlegte, wo Helmut Schmidt nun mit seinen Beratern in einer Umkleidekabine weiterarbeitete, in der der Mief von Sportlern hing. Vorübergehend zu der Gruppe hinzugezogen wurde hier zu einem bestimmten Zeitpunkt ein sehr sympathischer, äußerst kompetenter Oberstleutnant i. G. der Luftwaffe, der Bundesverteidigungsminister Georg Leber als persönlicher Referent gedient hatte und nun für den Kanzler den sicherheitspolitischen Part der Rede mitformulierte.

Auch das erboste meinen Chef sichtlich, mit dem ich mich keineswegs aus persönlichen Gründen nicht verstand. Die Ursachen lagen viel tiefer. Denn es ging bei unserer Auseinandersetzung, die schon Anfang des Jahres ausgebrochen war, um das Selbstverständnis der Arbeit des Redenschreibers. Ich hatte einen relativ »abgemagerten« Begriff davon, das heißt, ich lehnte es strikt ab, auch nur den Versuch zu unternehmen, den Kanzler politisch zu beraten. Dagegen war der letzte Chefredenschreiber Helmut Schmidts im Herbst 1981 mit der Absicht angetreten, den Kanzler mit der Partei zu »versöhnen«, den unterbrochenen Kontakt wiederherzustellen.

Mancher Kenner der Szenerie zeigte sich davon überrascht, daß Helmut Schmidt die Leitung der Gruppe 03 einem Mitarbeiter des VORWÄRTS übertrug, der in den 70er Jahren als scharfer Kritiker des Kanzlers gegolten hatte. Wie immer das Kalkül des Kanzlers bei der Berufung gewesen sein mag, fest steht, daß es im Sommer 1981 nicht mehr allzuviel Freiwillige für einen derartigen Job gab. So lautete die Alternative zu dem VORWÄRTS-Redakteur auch nur: hausinterne Beamtenlösung. Der neue Chefredenschreiber des Kanzlers blieb zwar zunächst in die Strukturen des Hauses eingebunden, so daß es ihm nicht gelang, den Kanzler zumindest verbal näher an die Parteilinke und die Friedensbewegung heranzubringen. Aber sein Einfluß stieg im Sommer 1982 dann signifikant an. Die Erklärung dafür kann nur lauten, daß sich Helmut Schmidt innerlich zur Aufgabe entschlossen hatte und einen Mitarbeiter gewähren ließ, der bald darauf für den Exkanzler eine wichtige Funktion übernehmen würde.

Da es für mich offenkundig nichts mehr zu tun gab, ging ich am Abend zurück ins Hotel und verbrachte die Zeit bis Mitternacht mit dem Oberstleutnant an der Bar des Hotels, nachdem wir im »Bratwurst-Glöckl« gegessen hatten. Dafür holte ich mir am folgenden Morgen den nächsten Anpfiff des Chefredenschreibers, der völlig frustriert darüber, daß der Kanzler sich nicht bei der Redevorbereitung ausschließlich auf ihn gestützt hatte, erneut seine Wut an mir ausließ und mir vorwarf, mich während der Nacht vergeblich gesucht zu haben. Aber nun war an der verfahrenen Situation nichts mehr zu ändern. Denn es war Dienstagmorgen, die Rede für Helmut Schmidt war fertig. Und um 9 Uhr 30 trat der Kanzler an das Rednerpult in der Olympiahalle, um zwei Stunden und zehn Minuten lang zu sprechen.

Die Arbeit der Redenschreiber war damit während des Münchner Parteitages keineswegs beendet. Denn nun galt es, eine Gag-Rede für Helmut Schmidt zu schreiben, die er beim bunten Abend der Partei zum besten geben würde. Dazu hatte sich Armin Halle angesagt, der Vorgänger von Rolf Breitenstein als Chefredenschreiber, im Frühjahr 1982 Informationsdirektor bei der NATO in Brüssel. Zusammen mit dem amtierenden Chefredenschreiber des Kanzlers gingen wir zu dritt in die Lounge des Münchner Hotels »Vier Jahreszeiten«, wo ich unter den mißbilligenden Blicken meines Chefs mit dem gewitzten, schlagfertigen Armin Halle im Nu die Gags zusammenbrachte, mit denen wir Helmut Schmidt ins Rennen schicken wollten. Da wir die Ideen hatten, sah sich der Chefredenschreiber des Kanzlers unversehens in die Lage versetzt, das Ganze aufzuschreiben und einer Sekretärin in die Maschine zu diktieren.

Die Laune des Kanzlers, die zu Beginn des Münchner Parteitages miserabel gewesen war, hatte sich mittlerweile stark gebessert, wozu nicht zuletzt Johannes Rau mit seiner Stippvisite in den Umkleideräumen der Olympiahalle beigetragen hatte. Seinem Witz und seiner Fröhlichkeit hatte sich der Kanzler nicht entziehen können. Es hieß, daß Rau der einzige Mensch sei, der in der Lage wäre, einen mißgelaunten Kanzler Helmut Schmidt zum Lachen zu bringen.

Längst saß ich am nächsten Tag an meinem Platz in der ungemütlichen, riesigen, nur halbbesetzten Halle an einem der langen Delegiertentische, als Helmut Schmidt, begleitet von einem Pulk von Fotografen, den Raum betrat. Er steuerte direkt auf mich zu und dankte mir zu meiner Überraschung für die Gag-Rede, die ihm außerordentlich gefallen habe. Ich verwies darauf, daß Armin Halle mindestens ebensoviel Dank gebühre, worauf mich der Kanzler bat, auch seinem früheren Ghostwriter seinen Dank und Gruß auszurichten. Es war das einzige Mal, daß sich der Kanzler für meine Zuarbeit an seinen Reden bedankt hat. Unter dem Blitzlichtgewitter der Fotografen, die die Szene in der Olympiahalle festgehalten hatten, entfernte sich Helmut Schmidt nun, begleitet von seinen Leibwächtern, die nicht von seiner Seite wichen.

Am Donnerstag, dem 22. April, gab es dann noch einmal Arbeit für uns, als der Kanzler mit einer kurzen Intervention auf die Angriffe seiner Kritiker reagierte. Zwar konnte Helmut Schmidt in München im großen und ganzen seine sicherheitspolitische Linie durchhalten. Dafür bereitete ihm die Partei mit einem wirtschaftspolitischen Grundsatzbeschluß ein Danaergeschenk, dessen Brisanz von dem zuständigen Beamten des Bundeskanzleramtes nicht erkannt wurde. Dadurch unterblieb jedes Krisenmanagement hinter den Kulissen, um die Entscheidung abzuschwächen oder abzuwehren. Und die FDP hatte ein vortreffliches Argument, wie die raschen Reaktionen von Hans-Dietrich Genscher und Otto Graf Lambsdorff zeigten, um ein weiteres Schwinden von Gemeinsamkeiten der sozialliberalen Koalition zu attestieren.

Wie auf einer Strandpromenade kam ich mir jeden Abend in der Hotelhalle des »Bayerischen Hofes« vor. Denn dort hielt ich mich irgendwo am Rande mit ein paar befreundeten Journalisten und einigen Beamten aus dem Bundeskanzler- und dem Bundespresseamt auf, um das Defilee der SPD-Prominenz zu begutachten. Einige

Tische weiter saß der Kanzler. Und es war hochinteressant zu beobachten, mit welcher Körperhaltung Freund, vor allem jedoch Feind an Helmut Schmidt vorbeimarschierte. Oskar Lafontaine hatte in der Versammlungshalle am Tage eine flammende Rede gehalten. Als er nun am Abend den Fahrstuhl verließ und dem Ausgang zustrebte, hatte es für den Bruchteil einer Sekunde den Anschein, als ob er auf den Kanzler zugehen würde, mit dem sich sein Blick kreuzte. Dann gab sich der Saarländer jedoch einen förmlichen Ruck, drückte das Kreuz durch und marschierte stolz erhobenen Hauptes an Schmidt vorbei aus der Hotelhalle. – Nach gutem Zureden hatte sich Helmut Schmidt, wie zu hören war, auch dazu überreden lassen, mit Kurt Becker bei einem abendlichen Essen die bereits vollzogene Trennung zu besprechen, die der Kanzler dem ehemaligen stellvertretenden Chefredakteur der ZEIT noch nicht eröffnet hatte, obwohl jedermann von ihr hinter vorgehaltener Hand flüsterte. Becker war daraufhin trotzig nach München gefahren, darauf pochend, von Helmut Schmidt persönlich reinen Wein eingeschenkt zu bekommen. Dazu kam es an diesem Abend auch wohl, als die beiden Hamburger gemeinsam das Hotel verließen. Allerdings kehrten sie schon nach knapp 2 Stunden von ihrer Aussprache zurück. Immerhin waren nun die Arbeitsbedingungen für Klaus Bölling in München erträglicher, der in der Erwartung nach Bayern gekommen war, daß der Kanzler das klärende Gespräch mit Kurt Becker bereits geführt hatte.

Mit am meisten entsetzt hat mich in den Jahren der Zusammenarbeit mit Helmut Schmidt die Art und Weise, wie die Fraktionsspitze mit den knapp 200 Abgeordneten umging. In Erstaunen versetzte mich bei meinem ersten Besuch zunächst, daß niemand meine Identität überprüfte, als ich den häßlichen Saal im Erdgeschoß des Bundeshauses mit seiner kitschigen Deckenbeleuchtung betrat. Allmählich füllten sich die Reihen der Abgeordneten. Hörfunk- und Fernsehjournalisten strömten hinein, ehe in dem allgemeinen Durcheinander die Troika, bestehend aus Willy Brandt, Herbert Wehner und Helmut Schmidt, auftauchte. Ich kam mir wie beim Frontalunterricht in der Schule vor, als sich nach wenigen Sekunden die Türen des Saals hinter den hinauskomplimentierten Parlamentsjournalisten schlossen und der alte Zuchtmeister Herbert Wehner das Wort ergriff. Er gab es bald an den Kanzler weiter, der einen knappen Situationsbericht zur Lage der Partei aus seiner Sicht abgab.

Bei meinen wenigen Besuchen von Fraktionssitzungen schienen mir die Abgeordneten apathisch. Kaum einer wagte, den Mund aufzumachen. Und wenn es Widerspruch gab, wurde der sogleich von Herbert Wehner und Helmut Schmidt niedergebrüllt, während Willy Brandt eine buddhahafte Position einnahm. Mich hat dieses Nicht-Dialog-Klima in der SPD-Bundestagsfraktion außerordentlich bedrückt. Unverständlich war mir auch, warum ein riesiger Troß von Fraktionsmitarbeitern und Beamten aus dem Kanzleramt und aus anderen Ministerien an der Fraktionssitzung teilnehmen durfte. Denn dadurch wurde die Veranstaltung noch größer dimensioniert, ging die Fähigkeit zu einem Gespräch noch mehr verloren. In der Erinnerung ist mir jedenfalls geblieben, daß Helmut Schmidt mit zuviel Kälte seine Argumente vorgetragen und Herbert Wehner keinerlei Gegenargumente zugelassen hat. Das mußte eines Tages zur Kesselexplosion, und das heißt zur Bereitschaft, den allmächtigen Übervater zu beseitigen, führen. Allerdings hätte ich mir auch auf der Seite der jüngeren Bundestagsabgeordneten mehr Mut gewünscht. Zu denen, die keine Angst vor dem Kanzler hatten, zählten Norbert Gansel und Wolfgang Roth, vielleicht noch zwei, drei andere. Der Rest war Helmut Schmidt von der gesamten Persönlichkeit her nicht gewachsen und wagte im direkten Schlagabtausch nicht das Duell mit ihm.

Kaum für mich nachzuvollziehen ist, warum Helmut Schmidt sich bei seiner Regierungsmannschaft nicht mehr auf Genossen aus dem Ruhrgebiet stützte, beispielsweise auf den mitgliederstarken Verband Westliches Westfalen unter Hermann Heinemann, dem Chef der Dortmunder Westfalenhalle. Statt dessen saßen im Kabinett des Hamburgers die bereits erwähnten Baden-Württemberger. Wenn man die Bonner Parteizentrale hinzunahm, wurde dieser Eindruck durch eine Überrepräsentanz des bayerischen Elements noch verstärkt. Somit ergab sich in gewisser Hinsicht das Kuriosum, daß die Partei kurz vor dem Auseinanderbrechen der sozialliberalen Koalition quasi Kopf stand, ihre Geschicke weitgehend von Bezirken und Regionen bestimmt wurden, in denen die SPD bei Wahlen relativ schwach abschnitt. Die geringfügige Kurskorrektur bei der Kabinettsumbildung im Frühjahr, als Manfred Lahnstein und Heinz Westphal, zwei Sozialdemokraten aus Nordrhein-Westfalen, Bundesminister für Finanzen bzw. für Arbeit wurden, kam zu spät.

Helmut Schmidt ist von innerparteilichen Gegnern immer wieder der Vorwurf gemacht worden, daß er sich zu stark am Machbaren orientiert und beispielsweise die Theoriedebatte in seiner Partei vernachlässigt habe. Meiner Meinung nach war er zu dieser Diskussion durchaus fähig und bereit. Wochenlang hat er sich im Vorfeld des Münchner Parteitags mit einem Theoriebeitrag auseinandergesetzt, der Mitte April 1982 als Beilage im VORWÄRTS erschien. Zur Kenntnis genommen wurde die 100 Punkte umfassende Notation des Kanzlers, seine »Beiträge zu einer Zwischenbilanz 1982«, von seiner Partei jedoch nicht. Unmißverständlich und unerschrocken unterbreitete Helmut Schmidt hier noch einmal sein politisches Credo, demzufolge Leitschnur für die eigene Politik zu sein habe, was geschehen müsse, um das Notwendige möglich zu machen und »nicht, was als ›vermittelbar‹ innerhalb eigener Gruppen erscheint«.

Ein wenig ratlos hatte der Bundeskanzler in diesen Wochen den unaufhaltsamen Wählerschwund in den eigenen Reihen konstatiert, Zukunftschancen für die SPD aber dennoch gesehen, wenn sie an einem Kurs der Mitte und der Zielgruppenansprache von Arbeitern und Angestellten, dem klassischen Wählerreservoir der SPD, festhalte. Danach hatte Schmidt in seinem Positionspapier nahezu alle jene Gesichtspunkte abgehandelt, die Bestandteil seiner großen Reden bildeten. Wie stark ihn das Schicksal der letzten sozialdemokratischen Regierung der Weimarer Republik in dieser Zeit beschäftigte, ging aus Punkt 89 hervor, bei dem der Kanzler seine Partei zunächst vor dem Gedanken warnte, daß einige Jahre in der Opposition der SPD guttun könnten. Helmut Schmidt fuhr dann fort: »Mit Recht hat Otto Braun über den von der Sozialdemokratie selbst ausgelösten Rücktritt des sozialdemokratischen Reichskanzlers Hermann Müller-Franken gesagt: ›Man kann auf den Kurs des Wagens keinen Einfluß nehmen, wenn man nebenher läuft. Man muß auf dem Kutschbock bleiben!‹«

Helmut Schmidt hat daher mit Leidenschaft darum gekämpft, die Regierungsfähigkeit für seine Partei zu erhalten, die Parallele zu 1930 um jeden Preis zu vermeiden. Und wenn der Eindruck nicht täuscht, hat er dazu vom Sommer 1982 an eine Doppelstrategie gewählt. Auf der einen Seite traf er Vorbereitungen, die FDP als den Schuldigen für ein Auseinanderbrechen der Koalition hinzustellen, wozu ihm der Lambsdorff-Brief ja einen hervorragenden Hebel bot, auf der anderen Seite sann er unablässig darüber nach, mit einem überraschenden Coup das sich abzeichnende Gespann Kohl–Genscher auseinanderzusprengen. In tollkühnen Momenten muß Helmut Schmidt daran gedacht haben, eine SPD-Minderheitsregierung von der CSU vorübergehend tolerieren zu lassen, um dann mit Neuwahlen der FDP den politischen Garaus zu machen. Anders ergeben die Kontakte, die Helmut Schmidt während der entscheidenden Wochen mit Franz Josef Strauß hatte, keinen Sinn.

Völlige Unkenntnis über die Verhältnisse im Kanzleramt, die wenige Wochen vor dem konstruktiven Mißtrauensvotum gegen den Hamburger herrschten, spricht aus der kürzlich propagierten These eines Autorengespanns, daß es Helmut Schmidt gesundheitlich schlechtgegangen sei und er auch aus diesem Grund habe aus dem Amt scheiden wollen. Darüber hinaus ist das Genscher-Buch der Autoren Filmer/Schwan, um das es hier geht, ein einziges Ärgernis, weil es nicht mit einem Wort auf die sechsbändige Geschichte der Bundesrepublik Deutschland eingeht, die renommierte deutsche Politikwissenschaftler und Neuhistoriker in den letzten Jahren verfaßt haben. Denn im letzten Halbband ist von dem Freiburger Politikwissenschaftler Wolfgang Jäger 1987 erstmalig die These, daß Helmut Schmidt der FDP die Schuld am Auseinanderbrechen der Koalition zuweisen wollte, geäußert worden. Allerdings hat dies der Freiburger Wissenschaftler wesentlich subtiler getan als die beiden Journalisten, die jedes Jahr nach einem sehr simplen Strickmuster eine Politiker-Biographie auf den Markt werfen. Ein Trend bei Filmer und Schwan – in letzter Zeit auch bei Journalisten bekannter Tages- und Wochenzeitungen zu beobachten – ist, daß sie Quellen ausschlachten, ohne diese anzugeben. Tatsächlich haben sie für ihr Genscher-Buch den Band von Jäger, für den der Trierer Politologe Werner Link den außenpolitischen Teil beigesteuert hat, weidlich herangezogen, wie die Überprüfung der Terminologie belegt. Ein Verweis auf das Buch, in dem erstmalig eine richtige Skizzierung und Weichenstellung hinsichtlich der Klärung der Ereignisse im September 1982 vorgenommen wurde, erfolgt jedoch nicht.

Aber längst ist in Bonn anstelle des Inhalts die Form, die Verpackung, getreten. Nur der unerwartete Tod von Franz Josef Strauß verhinderte, daß es zur Fortsetzung eines innenpolitischen Spiels kam, bei dem Hans-Dietrich Genscher und Oskar Lafontaine am Rande von Industriemessen, wie in Saarbrücken, oder bei einer Buchpräsentation in Bonn, die dann nachgeholt wurde, so tun, als bahne sich die Wiederauflage der sozialliberalen Koalition an – Politik als Unterhaltung. Für wie dumm hält man eigentlich den Wähler?

Helmut Schmidt war im September 1982 nicht krank. Das genaue Gegenteil war der Fall. Längst hatte sich der Kanzler von dem operativen Eingriff und dem Einsetzen eines Herzschrittmachers im Oktober 1981 erholt und war – für seine Umgebung – ganz der Alte. Sein Arbeitseinsatz war phänomenal. Denn die schleichende Regierungskrise hatte natürlich Auswirkungen auf unsere Arbeit als Redenschreiber. Vor allem die Regierungserklärungen mit ihrem mühseligen Abstimmungsprozeß nahmen 1982 geradezu inflationär zu. Bis zum 1. Oktober 1982 hatten wir an nicht weniger als sechs gearbeitet. Auch die Anzahl der Redeauftritte des Bundeskanzlers stieg 1982 signifikant an, so daß wir für ihn bis zum 1. Oktober, also im Zeitraum eines Dreivierteljahres, erheblich mehr Redeentwürfe verfaßt hatten als im gesamten Jahr 1981. Dabei nahm die Beteiligung des Kanzlers nicht ab. Er absolvierte somit ein Mammutprogramm bis zur letzten Minute, das jede Mutmaßung über einen schlechten gesundheitlichen Zustand in den Bereich der Fabel verweist. Und da ich Helmut Schmidt gerade im September 1982 vergleichsweise sehr oft erlebt und begleitet habe, kann nicht der geringste Zweifel daran bestehen, daß er an Deck des leckgeschlagenen Koalitionsschiffes blieb, bis es unterging.

Vor allem auf zwei Gebieten hat Helmut Schmidt mit seiner Partei am Ende über Kreuz gelegen, konnte es für ihn keinen Kompromiß geben. Der eine Punkt betraf die innerparteiliche Solidarität nach dem Motto: Roma locuta, causa finita, wie es der Kanzler einmal bei einer

Grundsatzrede im Bundesrat am 19. Dezember 1980 formuliert hatte. Schmidt verlangte von seiner Partei Disziplin, haßte die Selbstprofilierungsversuche einzelner Genossen, wenn eine Entscheidung einmal gefällt worden war. Ohne die erforderliche innerparteiliche Geschlossenheit, so folgerte er, werde eines Tages auch die Regierungsfähigkeit der SPD beschädigt. Spätestens an dieser Stelle setzte dann auch die massive Kritik des Kanzlers an seinem Amtsvorgänger Willy Brandt, dem SPD-Parteivorsitzenden, ein, dem er mehr oder weniger verschlüsselt vorwarf, ihn nicht genügend vom Druck der sogenannten Parteibasis freizuhalten. Mehrfach hat Helmut Schmidt in diesem Zusammenhang darauf verwiesen, sowohl öffentlich wie auch in kleiner, intimer Runde, daß es gerade Willy Brandt gewesen war, der in der Zeit seiner Kanzlerschaft seine Verantwortung als Amtsinhaber vor dem Grundgesetz so definiert hatte, daß sie es im konkreten Fall gebieten könne, anders zu handeln, als es die Partei von ihm erwarte. Nichts anderes, nämlich eine Gleichbehandlung mit Willy Brandt, verlangte Helmut Schmidt 1981/82 von der SPD.

Genau dies war der Gegenstand unserer Unterhaltung, als ich an einem regnerischen Sonntagnachmittag im Mai 1981 das oberbayerische Wolfratshausen verließ, um im Wagen von Georg Kronawitter, der damals noch politischer Pensionär war, ehe ihm später ein sensationelles Comeback als Münchner Oberbürgermeister gelang, in die bayerische Landeshauptstadt zurückzufahren. Jürgen Bödderich war dabei, als wir den schlechten innerparteilichen Zustand der SPD analysierten und im großen und ganzen jene Entwicklung vorhersahen, die die Koalition ein gutes Jahr später nehmen sollte. Helmut Schmidt ließ an diesem Nachmittag des 17. Mai lange auf sich warten, da er nach dem Besuch des Landesparteitages in Wolfratshausen in München mit einem bekannten Bankier zusammengetroffen war. Da ihm mancher Parteifreund solche Kontakte verübelte, pflegte der Kanzler gelegentlich kühl darauf zu verweisen, daß auch August Bebel ein erfolgreicher Unternehmer gewesen sei, von dessen zahlreichen goldenen Uhren sich eine im Besitz des Ehrenvorsitzenden der SPD, Willy Brandt, befindet.

Eine weitere Ursache für das tiefgreifende Zerwürfnis zwischen Willy Brandt und Helmut Schmidt ist nach meiner Einschätzung in der Hingabe an die große Angst zu suchen, für die sich große Teile der SPD zu Beginn der 80er Jahre unter dem wehenden Banner der Friedensbewegung, der Massendemonstrationen im Bonner Hofgarten und der Menschenkette über die Schwäbische Alb hinweg zwischen Stuttgart und Ulm, anfällig zeigten. Willy Brandt trat in diese Veranstaltung, die in vielerlei Hinsicht an vorangegangene romantisierende Aufbrüche der Deutschen erinnerte, ein. »Links und frei« hieß der Titel eines Buches des Parteivorsitzenden, das zu dieser Zeit erschien. Helmut Schmidt dagegen verweigerte sich der Sache. Er konnte mit dieser neuen Soft-Generation, mit ihrem Hang zur Weinerlichkeit, wie er gelegentlich sagte, nichts anfangen. Diese jungen Menschen hatten sich nach Ansicht von Helmut Schmidt erst einmal im Leben zu bewähren. Er fand, daß man der jungen Generation in der Bundesrepublik viel zuviel öffentliche Aufmerksamkeit widmete. Auf diesem Gebiet war er ganz altmodisch, ein strenger Vater, der seinen Sprößlingen nichts schenken wollte.

Auf völliges Unverständnis beim Kanzler stieß das Phänomen der deutschen Angst. Helmut Schmidt sagte dazu, daß er dafür keine Parallele finden könne, auch nicht in jenen Ängsten, die seine Generation während des Zweiten Weltkriegs an der Front und in den Bombennächten der deutschen Großstädte ausgestanden habe. Vergeblich wies der Kanzler seine Partei darauf hin, daß die aktuellen deutschen Angstphänomene keine Entsprechung im benachbarten Ausland finden würden, zum Beispiel in Frankreich oder in Großbritannien.

Helmut Schmidt war zwar bereit einzusehen, daß die Welt in den zurückliegenden eineinhalb Jahrzehnten komplizierter geworden war, was Neurosen auslösen könne. Aber im kleinen Kreis meinte er, daß die Welt der 80er Jahre nicht lebensgefährlicher als frühere Zeiten sei. So sei ein Auschwitz auch ohne Atomwaffen möglich gewesen. Und dies gelte ebenso für die vielen Kriege nach 1945.

Durchaus zutreffend, wie ich meine, vermutete Helmut Schmidt die Ursachen für die spezifisch deutsche Angst in der Reformation und damit im deutschen Protestantismus. Denn genau dies war zu Beginn der 80er Jahre augenfällig. Wieder einmal verlegte ein Teil der evangelischen Kirche ihre Diesseitsängste auf die Straße, vergaß mancher wackere Pastor, daß seine Aufgabe darin bestand, Seelsorge zu betreiben. Statt dessen hielt er politische Predigten und betätigte sich als Sozialingenieur. Helmut Schmidt fand in diesem Zusammenhang auch, daß es zusätzlich zur deutschen Kirchenspaltung das Problem der geteilten Nation gebe, der so etwas wie Nestwärme, ein sicheres Zuhause, fehle. Das noch in den 50er Jahren zu konstatierende Nationalgefühl sei verschwunden. Helmut Schmidt machte sich sichtlich Sorgen, daß die Bundesrepublik angesichts zahlreicher zentrifugaler Kräfte in der Mitte Europas in eine Risikolage hineingeraten könne, da andererseits zentripetale Kräfte in das geteilte Land hineinwirken würden.

Ich erinnere mich daran, daß in diesem Zusammenhang einmal eine Bemerkung des Kanzlers fiel, daß der objektive Bedarf nach Menschlichkeit um so größer werde, je komplizierter die Strukturen in der Welt würden. Menschlichkeit, so der Kanzler, bedeute jedoch Mitmenschlichkeit. Was er darunter verstand, hat er bei öffentlichen Reden ausgeführt, nämlich verfeindete Staaten, ihre politischen Führer zum Gespräch zusammenzubringen. Helmut Schmidt dachte an den Dialog zwischen Ronald Reagan und Leonid Breschnew.

In klarer Unterscheidung dazu und damit auch zu den mehrheitlich vertretenen Positionen in der SPD witterte Helmut Schmidt in den Massenprotesten gegen seine Politik zugunsten des NATO-Doppelbeschlusses Risiken, Formen von Anarchie, die, würden sie überhandnehmen, Regierungsentscheidungen unmöglich machen, ja jene Katastrophe auslösen könnten, die die Friedensbewegung gerade zu unterlaufen trachtete. Manipulierte Massen, so sagte der Kanzler einmal, gefährden den Frieden. Wenn sie sich in der Bundesrepublik Deutschland durchsetzen und seine Regierung beseitigen würden, werde der Krieg wahrscheinlicher. Willy Brandt sah dies anders. Zwei Tanker fuhren somit auf Kollisionskurs.

In den Ablauf einer Gesamtstrategie paßte in rückschauender Sicht daher auch die Rede, die Helmut Schmidt am 20. August 1982 anläßlich des 30. Todestages von Kurt Schumacher in Hannover hielt. Denn sie hatte eine gleich zweifache symbolische Bedeutung, wenige Wochen bevor der Vorhang zum letzten Akt aufging. Zum einen kehrte Helmut Schmidt mit seinem Auftritt, für den er seinen Urlaub am Brahmsee unterbrach, an die Quellen der Nachkriegsgeschichte der SPD zurück. Zum anderen setzte er ganz bewußt ein Zeichen für ein positives Verhältnis zur SPD zur bewaffneten Streitmacht im demokratischen Rechtsstaat.

Nicht nur an diesem Tag in Hannover war Helmut Schmidt dazu entschlossen, ein Noske der zweiten deutschen Republik zu sein, sondern dieser Gedanke hat ihn, wie mir scheint, während seiner gesamten Zeit als Bundeskanzler beschäftigt, während der er die Armee, die er insgeheim liebte, niemals aus den Augen verlor. Es war kein Zufall, daß mit Lilo Schmarsow als dienstältester Sekretärin im Vorzimmer von Helmut Schmidt eine ehemalige Mitarbeiterin von Fritz Erler saß. Dieser erste bedeutende

Sicherheitspolitiker der SPD nach dem Krieg war Helmut Schmidts Vorbild gewesen. In seiner Kontinuität sah sich der Hamburger, als er der erste sozialdemokratische Verteidigungsminister seit den Tagen Gustav Noskes wurde. Als Helmut Schmidt 1972 die Hardthöhe verließ und mit Georg Leber und Hans Apel noch zwei weitere SPD-Verteidigungsminister auf ihn folgten, war etwas erreicht, das Helmut Schmidt bei seiner Rede in Hannover im August 1982 sinngemäß so formuliert hat: der tiefe Graben zwischen Arbeiterschaft und bewaffneter Streitmacht im Staat war zugeschüttet, das Verhältnis zwischen SPD und der Truppe entkrampft.

Böse Ahnungen beschlichen den Kanzler in diesen Tagen, daß das mühsam erworbene Vertrauenskapital seit den Tagen von Fritz Erler mit der Verabsolutierung der Raketenfrage, mit der Blockade von militärischen Einrichtungen innerhalb von kürzester Zeit verschleudert werden könnte.

Der letzte Gang, auf dem ich mich noch einmal als Mitarbeiter des Kanzlers fühlte, obwohl unser Vertrag auf Zeit schon über ein Jahr zuvor geendet hatte, führte am 19. November 1983 nach Köln. Es ging um den NATO-Doppelbeschluß. In einer ungemütlichen großen Halle des Messe-Kongreß-Zentrums Ost saß ich in einer der hintersten Reihen, als Helmut Schmidt ans Rednerpult trat. Der Saal zuckte zusammen, als der ehemalige Kanzler bereits in der Eröffnungsphase seiner historisch zu nennenden Rede sagte: »Dies ist der Parteitag meiner Partei, der ich nun bald vier Jahrzehnte angehöre, der ich mich zugehörig fühle, die mein politisches Schicksal gewesen ist und von der mich niemand wegdrängen wird, niemand von draußen und auch niemand in den eigenen Reihen. Die Sozialdemokratische Partei und die Wähler unserer Partei werden nicht erleben, daß ich mich von ihr zurückziehe und Groll zu meinem Lebensinhalt mache.« Es war, selbst in dieser schweren Stunde für Helmut Schmidt, eine verhaltene Liebeserklärung an die SPD. Und wenige Minuten später gingen dann auf die Delegierten und die Gäste im Saal mit Wucht jene Sätze hernieder, die die Grundlage des politischen Handelns von Helmut Schmidt als letztem sozialdemokratischen Bundeskanzler ausmachten: »Das Ethos, die Moral als Grundlage der Politik bedürfen zu ihrer Verwirklichung der Ratio, der Vernunft, ja der Leidenschaft zur Vernunft.«

Eine Stecknadel im Saal konnte man fallen hören, als Schmidt mit einer Passage aus Heinrich Heines »Deutschland – ein Wintermärchen« seinen Parteifreunden die Leviten las und zitierte:

»Franzosen und Russen gehört das Land
das Meer den Briten.
Wir aber besitzen im Luftreich der Träume
die Herrschaft, unbestritten . . .«

Und dann kam Helmut Schmidt nochmals auf jene Überlegungen zurück, die er im kleinen Kreis geäußert hatte, nämlich auf seine Erwartungen an die Jugend der Bundesrepublik. Sie müßten auch dies hören: »Grundgesetz, parlamentarische Mehrheit und Demokratie schlechthin – obwohl keineswegs ohne Fehl – sind kraft bitterer geschichtlicher Erfahrung gewonnene freiheitliche Ordnungen. Dafür – und gegen den Obrigkeitsstaat! – haben wir Sozialdemokraten 120 Jahre lang gekämpft. Wer diese Ordnungen mißachtet, der kann die Freiheit gefährden!«

Den einzigen Zwischenfall bei Helmut Schmidts Rede, die an den Köpfen der Parteidelegierten abzugleiten schien, gab es, als der frühere Bundeskanzler auf die Tapferkeit des italienischen Volkes zu sprechen kam. Dafür erntete er im Saal breites Gelächter, das ihn zu einem zornigen Ausbruch veranlaßte, der in der Feststellung gipfelte, wenn die Bundesrepublik mit einer terroristischen Bedrohung wie Italien während der 70er Jahre hätte fertig werden müssen, wäre mehr von den demokratischen Institutionen zum Teufel gegangen.

Nicht nur in diesem Augenblick kam mir die SPD an diesem Tag sehr kleinbürgerlich, spießig und vorurteilsbeladen vor. Was ich vor allem vermißte, gerade bei den Genossen, die dank Helmut Schmidt Minister und Staatssekretäre geworden waren, war der Mangel an Mut und Zivilcourage. Daß nur noch ein halbes Dutzend einstiger Gefährten für Helmut Schmidt die Hand hob, war schlimm für den Zustand der Partei. Aber die Parteibasis hatte anscheinend gesiegt, so daß jüngere Sozialdemokraten wie Björn Engholm oder Volker Hauff eher an ihre politische Zukunft, an das Überleben, dachten, als wie Hans Apel oder Hans-Jürgen Wischnewski Helmut Schmidt die Treue zu halten. Nicht entgehen konnte mir an diesem deprimierenden Tag in Köln auch, daß mancher, mit dem ich mich in den letzten Jahren gut verstanden hatte, mir aus dem Weg ging, den Blick mied. Ich hatte das Gefühl, daß spätestens an diesem Tag die große Zeit der Sozialdemokratie ihrem Ende entgegenging.

Denn schon bei den Bundestagswahlen im März 1983 hatte sich jenes Wort von Ernst Schellenberg, einem der führenden Köpfe der Sozialpolitik in den Reihen der SPD, bestätigt, der die Genossen folgendermaßen charakterisiert hat: »Am Arbeitsplatz sind sie Kommunisten, auf dem Heimweg Sozialdemokraten, und wählen würden sie am liebsten die CDU.« Genau dies war kurz nach dem Abgang von Helmut Schmidt von der politischen Bühne eingetreten.

Damit befand sich die SPD im Grunde genommen Anfang 1983 wieder in der Situation, in der sie sich schon mehrfach, sowohl im Kaiserreich und in der Weimarer Republik, wie auch in den 50er Jahren, gesehen hatte: zerrieben zwischen dem prinzipiellen Bekenntnis zur bewaffneten Streitmacht und ihren pazifistischen Sehnsüchten und Neigungen. Fortan würde sie aber zu allem

Unglück auch noch die »Grünen«, die neue vierte Partei im Deutschen Bundestag, im Nacken spüren und das Bombardement von Fragen wie: Seid Ihr für oder gegen den NATO-Doppelbeschluß? Macht Ihr bei der Blockade von Zufahrtswegen zu amerikanischen Stützpunkten mit? Wie haltet Ihr es mit der Kernenergie? Oder: Seid Ihr bereit, den deutschen Wald sofort zu retten?

Der eigentliche Verlierer der Wahlen vom 6. März 1983 war Willy Brandt. Aber das hat sich die SPD niemals eingestanden. Denn sein Versuch, diesseits der Union ein mehrheitsfähiges Bündnis zustande zu bringen, mußte angesichts des konservativ strukturierten Kleinbürgertums, das auch zur Klientel der SPD zählt, scheitern.

Auch Willy Brandt hatte keine Antwort auf den Schrumpfungsprozeß bei der Stammwählerschaft der SPD, auf den generellen Trend, der den Anteil der gewerkschaftlich organisierten Industrie- und Facharbeiter zugunsten der Dienstleistungsberufe zurückgehen läßt. Aber die neuen Mittelschichten der Bundesrepublik – dies in gewisser Hinsicht eine Tragik für die SPD – hatten nicht mehr die alten, engen Parteibindungen, sondern orientierten sich gerade unter den Bedingungen der Wirtschaftskrise der frühen 80er Jahre, im Zeichen einer Massenarbeitslosigkeit, wie sie die Bundesrepublik seit ihren Anfängen nicht mehr erlebt hatte, am Wertesystem der bürgerlich-konservativen Schichten.

Da der Partei nach dem Abgang von Helmut Schmidt charismatische Führungsfiguren fehlten, verlor sie weitere Prozentpunkte bei Bundestagswahlen und konnte nicht einmal von dem relativ schwachen Erscheinungsbild der christlich-liberalen Koalition unter Bundeskanzler Helmut Kohl profitieren.

Befreit man sich vom Wust der Meinungsumfragen, der Stimmungsbarometer und zu kurz geratener Kommentare und unternimmt den Versuch, das Land in einer längeren

Brennweite einzufangen, dann ist die Befürchtung nicht ganz von der Hand zu weisen, daß eine Regierungsfähigkeit der SPD in Bonn auf absehbare Zeit nicht in Sicht ist.

Wenn der Eindruck nicht trügt, bewegt sich die Bundesrepublik politisch auf die Ausgangslage der 50er Jahre zurück. Und das heißt für die SPD: strukturelle Unfähigkeit zur Mehrheit, da infolge der deutschen Teilung die alten mitteldeutschen sozialdemokratischen Hochburgen fehlen.

Umgekehrt sieht es mittelfristig eher nach Stimmenzuwachs für die CDU und die CSU aus. Denn nicht nur der ehemalige DDR-Bürger denkt und wählt konservativ in der Bundesrepublik, sondern vermutlich auch jene Hunderttausende von Menschen aus Ostmitteleuropa, die nun, im Zuge der Liberalisierungstendenzen in Moskau bei der Genehmigung von Ausreisen, innerhalb von wenigen Jahren in die Bundesrepublik kommen werden. Auch die kopfstarke Gruppe der Auslandsdeutschen, die bei den letzten Bundestagswahlen erstmalig stimmberechtigt war, aber von ihrem Wahlrecht noch sehr schwach Gebrauch machte, stellt mittelfristig ein großes Stimmenpaket zugunsten der Unionsparteien in der Bundesrepublik dar.

Die großen innen- und außenpolitischen Schlachten im Lande sind geschlagen, die West- und Ostverträge unter Dach und Fach. Und da die zweite Generation der Flüchtlinge allmählich in die alten deutschen Stämme integriert ist, kann es nicht verwundern, daß die Regionalisierungs- und Provinzialisierungstendenzen in der Bundesrepublik zunehmen. Das Staatsvolk, das den Blick auf größere Zusammenhänge lenken könnte, fehlt. Preußen gibt es nicht mehr. Aber es dürfte kein Zufall sein, daß die Überlebenden und Nachfahren der Preußen noch an vielen Schaltstellen in der Bundesrepublik, im Spitzenmanagement der Wirtschaft, in der Ministerialbürokratie und in der Armee sitzen.

Die Kraft des Protestantismus, von dem die SPD in ihren besten Tagen profitiert hat, scheint jedoch gebrochen. Er plagt sich mit Diesseitsängsten und hat somit auch der SPD einen schweren Schlag zugefügt, was ihren Zukunftsoptimismus betrifft. Sein Erbe ist auf den Süden der Bundesrepublik übergegangen, der sich zugleich als Sachwalter der Interessen der geteilten deutschen Nation sieht. Jedenfalls hätte es sich ein Bismarck kaum träumen lassen, daß knapp 100 Jahre nach ihm mit Helmut Kohl und Franz Josef Strauß eine bayerische Komponente in die Bundespolitik hineingekommen ist, die bei der Gründung des Deutschen Reiches undenkbar schien. Denn die Vorderpfalz um Ludwigshafen ist auch altes bayerisches Gebiet. Noch der Vater des Bundeskanzlers stand in den Diensten der bayerischen Staatsverwaltung.

Schwierig wird die Lage für die SPD in absehbarer Zukunft aber auch deswegen sein, weil sie den europäischen Zug fürs erste verpaßt hat. Der Draht zu den französischen Sozialisten ist beispielsweise sehr, sehr dünn. Statt dessen zieht man es vor, sich bei gemeinsamen Positionspapieren mit der glasnost-feindlichen SED auf riskante Formulierungen einzulassen. Nur Willy Brandt thront weiter über den Wolken als Vorsitzender der Sozialistischen Internationale und damit fast so, wie Heinrich Heine das deutsche Wintermärchen beschrieben hat.

Helmut Schmidt ist dagegen in der SPD fast vergessen. Kaum jemand fiel auf, daß er beim Parteitag in Münster nicht anwesend war. Oskar Lafontaine konnte daher genüßlich Rache an seinem einst übermächtigen politischen Widersacher nehmen, in Form von heftigen Attakken auf die Gewerkschaften, die alte Fußtruppe des Kanzlers. Vergangenheitsbewältigung ist in der SPD zur Zeit jedenfalls ein Fremdwort. Dabei hätte die SPD allen Grund dazu gehabt, öffentlich in diesem Jahr den Irrtum des Kölner Raketenparteitags einzugestehen. Denn nicht die Friedensbewegung, wie Hans-Jochen Vogel verbissen und trotzig behauptete, hat die Pershing II und die SS 20 aus der Welt geschafft, sondern die Glaubwürdigkeit in der Sicherheitspolitik. Keine Reaktionen hat es in der SPD auch gegeben, als ausgerechnet die sowjetische Führung unlängst bekannte, daß eine gefährliche Außen- und Sicherheitspolitik in der Breschnew-Zeit betrieben worden sei.

Derartiges möchte die SPD aber nun, nachdem sie sich ihres Übervaters entledigt hat, nicht mehr hören. Sie hat sich fürs erste in der Opposition eingerichtet, was in der Bundesrepublik ja Quasi-Verhältnisse wie im öffentlichen Dienst bedeutet. Die Frauenquote verspricht, die Zeit fern der Schaltstellen der Macht sogar noch zu verlängern. Denn nun sind erst recht Frieden und Innerlichkeit angesagt. Hand in Hand wird mit der wachsenden Partizipation von Frauen auf allen Ebenen der Partei auch wachsende Distanz zur Welt der Wirtschaft gehen. Die ohnehin hohe Öffentliche-Dienst-Quote in der SPD wird weiter zunehmen. Damit ähnelt die SPD wieder der Partei Erich Ollenhauers, vielleicht auch jenen Zeiten im Kaiserreich, als es die Revisionisten noch nicht gab.

Dennoch scheint mir Helmut Schmidt in gewisser Weise ein typischer Repräsentant dieser Partei gewesen zu sein, in dessen Person 120 Jahre sozialdemokratischer Geschichte ihren Höhepunkt und vorläufigen Abschluß fanden. »Wiedergutmachungswahlen« für die SPD kann und wird es nicht mehr geben. Sie hat ihre Chancen gehabt und ist sozusagen mit der jüngeren deutschen Geschichte quitt. Während Willy Brandt nur eine sehr kurze Phase der deutschen Geschichte verkörperte, nämlich die Zeit des Kampfes gegen Hitler, der für die gesamte Partei kein Ruhmesblatt ist, wenn man einmal von den Stimmen gegen Hitlers Ermächtigungsgesetz absieht, der Partei jedenfalls keine höheren moralischen Qualitäten einräumt, dann stand Helmut Schmidt für die gesamte Parteigeschichte seit den Zeiten von August Bebel.

Viel Wilhelminisches war an diesem Helmut Schmidt, der Willen zum Platz an der Sonne für seine Person, aber auch ein Schuß Martin Luther: Hier stehe ich und kann nicht anders – der Hamburger als guter Protestant. Schließlich bewies Helmut Schmidt auch Mut – nicht nur in den Tagen von Mogadischu –, sondern während seiner gesamten politischen Karriere, und dies stellt ihn in preußische Traditionen: Mut zum Unpopulären, die Interessen des Gemeinwohls vor Augen, sich im Dienst am Staat verzehrend. Er wollte voran, während seine Partei zauderte, am Ende in alte Kleinmütigkeit und falschen Traditionalismus zurückfallend. Aber dies hat Helmut Schmidts Abgang am 1. Oktober 1982 schonend überdeckt.

Der Kanzler und die Medien

Am Tage der ersten Rücktrittsdrohung von Helmut Schmidt, für den Fall, daß seine Partei ihm in der Frage des NATO-Doppelbeschlusses nicht folgen würde, hatte Wolfgang Clement, der rührige Sprecher des SPD-Parteivorstands, eine größere Zahl von Bonner Journalisten nach Recklinghausen befördern lassen. Somit erlebte ich Helmut Schmidt an diesem 16. Mai 1981 in einem noblen Speiselokal zum ersten Mal beim Schlagabtausch mit einer Berufsgruppe, für die er oft genug den Begriff »Wegelagerer« parat hatte. Aber in dem altehrwürdigen Gemäuer des Restaurants der am nördlichen Rand des Ruhrgebiets gelegenen Stadt befand sich der Kanzler in einer moderaten Stimmungslage. Vermutlich hing dies mit der Zusammensetzung der Journalistenrunde zusammen, in der einige Vertreter saßen, die Helmut Schmidt schätzte. In Recklinghausen waren dies in erster Linie Rolf Zundel von der ZEIT und Werner Anton Perger vom Deutschen Allgemeinen Sonntagsblatt. Dessen bohrende, unkonventionelle Fragen liebte der Kanzler ganz besonders. Denn der gebürtige Österreicher näherte sich dem Regierungschef anders, variantenreicher, intelligenter, als die Masse der deutschen Fragesteller. Genau dies mochte Helmut Schmidt, wenn er zur Bundes-Pressekonferenz ging.

Auch den Leitartikeln von Perger widmete der Kanzler besondere Aufmerksamkeit, die gelegentlich mit der Anweisung an uns zurückkamen, die dort geäußerten Gedanken bei Reden zu berücksichtigen. Die Kommentare der Süddeutschen Zeitung wurden von Schmidt genauso aufmerksam studiert, der im Flugzeug oder im Hubschrauber nach beendeter Durchsicht der Pressemappe ein wahres Schlachtfeld hinterließ. Denn was ihn nicht interessierte, wurde einfach fallen gelassen. Einige wenige Fotokopien nahm der Kanzler aus der Mappe zu seinen eigenen Unterlagen heraus, machte mit dem grünen Filzstift in seiner markanten, harmonischen Schrift Randbemerkungen und umrandete diesen Begriff, setzte an jene Passage einen kräftigen Doppelstrich und sehr gelegentlich ein Ausrufungszeichen.

Für das Gros des Bonner Pressecorps, beziehungsweise für den deutschen Journalismus überhaupt, empfand Helmut Schmidt keinen besonderen Respekt. Zwar sprach er nicht offen davon, aber ich hatte das Gefühl, daß er vor allem ungenügende Professionalität, fehlende Fachkenntnisse, übergroße Parteinähe und gelegentlich auch charakterliche Schwächen bemängelte. Nur wenige Journalisten konnten von sich sagen, ihn zu kennen und von Helmut Schmidt respektiert zu werden. Dazu zählten Hans Reiser und Hans Ulrich Kempski von der Süddeutschen Zeitung, der jüngere Theo Sommer von der ZEIT und, wenn ich mich nicht täusche, nur ein einziger Hörfunkkorrespondent, der früh verstorbene Ulrich Blank vom WDR, der aber auch zuvor bei der Süddeutschen Zeitung gearbeitet hatte. Auch bei solchen Erwägungen und Wertschätzungen spielten bei Helmut Schmidt die Kriegserfahrungen eine Rolle. Denn mancher dieser Journalisten war wie der Kanzler als junger Offizier aus dem Zweiten Weltkrieg zurückgekehrt. Es war dieses für den Jüngeren unsichtbare Band, das zwischen dem ehemaligen Angehörigen einer Flakeinheit namens Helmut Schmidt und dem Fallschirmjäger Hans Ulrich Kempski, um ein besonders typisches Beispiel zu nennen, existierte.

Völlig anders war das Urteil Helmut Schmidts bei ausländischen Korrespondenten. Vor allem die Briten und Amerikaner hatten hier einen gewissen Sympathievorsprung, deren Fragen sich der Kanzler gern stellte. Neben dem Wall Street Journal studierte Helmut Schmidt mit Vorliebe die Londoner Financial Times, ein

Blatt, das vermutlich seinen Neigungen und Interessen am nächsten kam. Daher kann es nicht verwundern, daß der ehemalige Bonner Büroleiter dieser Zeitung der erste ernst zu nehmende Autor einer Kanzler-Biographie geworden ist.

Kopfzerbrechen bereitete dem Kanzleramt in der Schlußphase der Regierungszeit von Helmut Schmidt der Korrespondent der New York Times, John Vinocur, der verdächtigt wurde, maßgeblich mit seinen Beiträgen zur Verschlechterung der deutsch-amerikanischen Beziehungen beigetragen zu haben. US-Botschafter Arthur Burns wurde eingeschaltet, was offenbar nicht viel bewirkte, denn Vinocur betrieb nach Meinung der Kanzlerberater unverdrossen seinen privaten Feldzug gegen die Bundesrepublik weiter. Eines Tages erschien Kurt Becker in der Morgenlage mit dem bedeutungsschwangeren Hinweis, daß Vinocur am Vorabend volle zwei Stunden beim Kanzler gewesen sei.

Wenige Tage später, bei der Abendeinladung eines Freundes, des Presseattachés der irischen Botschaft, traf ich zufällig den Amerikaner. Ein wenig neugierig fragte ich John Vinocur nach dem Verlauf des Abends beim Kanzler, dabei auf die Andeutungen des Regierungssprechers in der Morgenlage verweisend. Daraufhin konnte der Amerikaner nur mühsam ein schallendes Gelächter unterdrücken. Zwar war er tatsächlich zwei Stunden bei Helmut Schmidt gewesen. Aber fast die gesamte Zeit, so behauptete Vinocur, habe man sich schweigend gegenübergesessen. Schmidt sei müde und abgespannt gewesen. Zu einem echten Meinungsaustausch und damit zur Beilegung des Konflikts sei es nicht gekommen.

Schmidts distanziertes Verhalten gegenüber der Presse hing damit zusammen, daß sie in seiner Weltsicht im Grunde genommen keinen autonomen Platz, womöglich als vierte Instanz im Staat, einnahm. Bei wohlwollender Einschätzung schlug er die Handvoll Journalisten, die er respektierte, gewissermaßen der Seite der Politik zu. Der Rest der Bonner Journalistentruppe hatte eine dienende, ausführende Rolle einzunehmen. Ich erinnere mich an diskrete Anweisungen des Kanzleramtschefs in der Morgenlage, mit Friedrich Nowottny vom Bonner ARD-Büro Kontakt aufzunehmen. Das blieb dann nicht ohne Folgen. Denn selbst wenn weitere Details in der Morgenlage nicht angesprochen wurden, war es klar, daß der Kanzler am Abend oder am kommenden Tag seinen Auftritt im »Bericht aus Bonn« haben würde.

Schon die Pressemappe mit den Zeitungsausschnitten, die das Bundespresseamt allmorgendlich einem sehr kleinen Kreis von Beziehern im Bundeskanzleramt zuleitete, zeigte die Prioritätenskala des Bundeskanzlers. Entscheidende Multiplikatoren waren für ihn die überregionalen Tageszeitungen. Helmut Schmidt behauptete übrigens von sich selber, als erstes Blatt am Morgen den Bonner Generalanzeiger zu lesen, aufgrund seines späten Redaktionsschlusses.

Weit dahinter rangierten die elektronischen Medien, derer sich der Kanzler lediglich bediente. Denn seine Interviewpartner beim Fernsehen nahm er nicht ernst, sieht man einmal von Klaus Bölling, den er als Auslandskorrespondent in den Vereinigten Staaten kennengelernt hatte, und einer Handvoll TV-Granden ab, durchweg Auslandskorrespondenten. Entsprechend war die Informationsstrategie von Bundeskanzler- und Bundespresseamt ausgerichtet, die ich als eine präventive charakterisieren möchte. Denn Helmut Schmidt und Klaus Bölling gingen von der zutreffenden Einschätzung aus, daß das antriebsschwache Bonner Pressecorps mit gezielten Informationen und der Festlegung von Themen im voraus in Bewegung gehalten werden müsse.

Diese Politik scheint jahrelang gut gelungen zu sein. Denn bereitwillig folgte man der Fährte, die die Kanzlerberater jenseits der deutschen Grenzen ausgelegt hatten.

Helmut Schmidt erhielt das Image des Weltökonomen, des souveränen Lenkers bei Weltwirtschaftsgipfeln und anderen Treffen der Großen, das seine Apotheose beim 1979er Gipfel von Guadeloupe fand. Parallel dazu stieg Klaus Bölling, einem Petrus de Vinea nicht unähnlich, wenn man an die Rolle des wichtigen Beraters von Friedrich II., dem Stauferkaiser, denkt, zum Logotheten des Bundeskanzlers auf. Erst als die Probleme von der Peripherie wieder gewissermaßen ins Zentrum zurückschlugen, änderte sich der Trend. Aus dem Macher, der sein Bild in den Medien durchgesetzt hatte, wurde ein Gejagter. Er selbst hat dies in Augenblicken realistischer Selbsteinschätzung klar erkannt. Denn es fiel einmal der Satz: »Was mein Image angeht, bin ich völlig hilflos den Medien ausgeliefert.«

Am Tage meines Dienstantritts in Bonn am 1. Dezember 1980 zeigte das Titelbild des SPIEGEL einen sorgenzerfurchten, von dunklen Wolken umgebenen Bundeskanzler, und die Titelzeile lautete: »Kanzler im Tief«. In dieser Situation erwies sich die Entscheidung für Kurt Becker, den neuen Regierungssprecher, als ein Fehlgriff. Nicht bedacht hatte Helmut Schmidt bei der Auswahl des Nachfolgers von Klaus Bölling, daß Kurt Becker weit vor seiner Zeit gealtert war und mit seinem Auftreten in den elektronischen Medien eine Regierung verkörperte, die unmittelbar vor dem Abtreten zu stehen schien. Ihr fehlte optisch jede Zukunftsperspektive. Becker, der parteilos war, fehlte unglücklicherweise auch jeder Zugang zur SPD, die sich ihm gegenüber höchst unfair verhalten hat. Denn er erhielt bei seiner Arbeit nicht den geringsten Vertrauensvorschuß, und da man sich an den Kanzler nicht herantraute, wurden alle Fehler der Regierung Kurt Becker angelastet. Die Zeiten für den Freund des Kanzlers in Bonn müssen daher bald sehr, sehr beschwerlich gewesen sein, dessen fundierte Kommentare zu sicherheitspolitischen Themen bald nach seinem Abschied vom Bundespresseamt in der ZEIT wieder zu lesen waren. Kurt Becker hat sich jedoch von den in der Bundeshauptstadt erlittenen Enttäuschungen nie wieder erholt. Den letzten, den er erkannte, kurz bevor er starb, war Helmut Schmidt.

Aber auch Klaus Bölling unternahm im Frühjahr 1982 den, wie er selbst wußte, vergeblichen Versuch, Schmidt wieder jenes Bild in der Öffentlichkeit zurückzugeben, dessen Glanz in den Jahren 1977–1979 wohl am größten gewesen sein muß. Der langjährige Weggefährte von Helmut Schmidt hinterließ bei mir nun einen wesentlich günstigeren Eindruck als zu Beginn meiner Zeit im Bundeskanzleramt, als ich seinen gespreizten Stil beim Vortrag in der Morgenlage als unerträglich empfunden hatte. Böllings Problem in Bonn war jedoch anscheinend, daß ihm jeder nach dem Mund redete, so daß ihm Distanz zu sich selbst und kritische Selbsteinschätzung abhanden kamen. Als bewunderter einstiger Fernsehstar wurde ihm von seinen ehemaligen Kollegen aber auch vieles allzu leicht gemacht. Hinter der Maske des girlandenwindenden Regierungssprechers entdeckte ich dann jedoch einen hochsensiblen Mann, der sich wohltuend vom Provinzialismus der Bonner Fernsehgrößen unterschied. Denn Bölling hatte auf seinen Auslandspositionen jenen Schuß an Flair und Internationalismus gewonnen, der der Masse der Bonner Pressevertreter abgeht. Kein Wunder, daß die ausländischen Korrespondenten in Bonn auf Distanz zu ihren deutschen Kollegen leben, sieht man von wenigen Ausnahmen einmal ab.

Natürlich haben die Medien keinen originären Anteil am Auseinanderbrechen der sozialliberalen Koalition gehabt. Das hieße, ihre Bedeutung, die in den eigenen Reihen eifersüchtig bespiegelt wird, bei weitem zu überschätzen. Aber es kann für mich kein Zweifel bestehen, daß sie die Trends verstärkt haben, als sich das Regierungsbündnis auf abschüssiger Bahn befand. Denn dann setzt eine Form von Rudeljournalismus ein, gegen den man kaum noch ansteuern kann.

Als sich die objektiven Daten für ein sich abzeichnendes Ende der Koalition häuften, war es schier unmöglich, die elektronischen Medien davon zu überzeugen, daß der Kanzler weiterhin Reden zu spezifischen Anlässen hielt. Denn ob er vor einem Industrieverband oder bei der Evangelischen Akademie in Tutzing sprach, für den Nicht-Print-Bereich der Medien ergab dies keinen Unterschied. Sie warteten darauf, daß Helmut Schmidt beinahe pflichtgemäß seine eineinhalb Sätze zum aktuellen Stand der Koalition abgeben würde. Darüber wurde berichtet, aber nicht über sein abendliches Thema.

Wie labil die politische Stimmungslage in Bonn war und wie leicht marginale Ereignisse einen hochbrisanten politischen Stellenwert erhalten konnten, zeigte im März 1982 das Erscheinen des Buches von Arnulf Baring »Machtwechsel«. Obwohl es der Ära Brandt–Scheel gewidmet war, wurde es publizistisch sogleich als Menetekel der Regierung Schmidt–Genscher gedeutet. Daß das Erscheinen des Buches des bekannten Berliner Politikwissenschaftlers auf der Führungsetage im Kanzleramt erhebliche Nervosität auslöste, deutete die Anweisung von Manfred Lahnstein an, den Band innerhalb kürzester Zeit daraufhin zu analysieren, ob das Ansehen des Kanzlers dadurch beschädigt werde. Doch der stellvertretende Leiter der Planungsabteilung, Stefan Pelny, konnte sehr schnell Entwarnung geben. Die von ihm zusammengezogene Arbeitsgruppe war auf keine für Helmut Schmidt kritische Passage in dem 832 Seiten umfassenden Werk gestoßen, das dessen ungeachtet schnell zum Bestseller avancierte. Das Publikum wartete auf Sensationen, und es bekam sie dargeboten, auf allen ›Wellenlängen‹.

Als besonders unglücklich habe ich in der Schlußphase der sozialliberalen Koalition das morgendliche Wirken der Hörfunkmagazine empfunden. Es ist mir, nebenbei gesagt, unerklärlich, warum sich die Bonner Politiker von Moderatoren in aller Herrgottsfrühe reihenweise aus den Betten klingeln lassen, um ein paar Sätze über den Äther kundzutun. Als ich selber nach meiner Zeit im Kanzleramt einige Male im Kölner Deutschlandfunk die Morgensendung moderierte und ein Interview mit einem Schweizer Diplomaten verabreden wollte, sagte mir der soignierte Herr, er sei schon etwas älter, und in der Frühe fiele es ihm als Welschschweizer auch nicht so leicht, deutsch zu sprechen. Ich habe mich, ehrlich gesagt, über diese Entschuldigung gefreut. Aber ob ein Bonner Politiker jemals auf einen solchen Gedanken kommen würde?

Jedenfalls erinnere ich mich an ein Frühinterview mit Herbert Wehner im Deutschlandfunk, bei dem der mittlerweile in die Jahre gekommene Vorsitzende der SPD-Bundestagsfraktion ganz offenkundige Formulierungsschwierigkeiten hatte, mit der Folge, daß ein sehr mißverständlicher Satz über die Zustände in der SPD-Parteispitze über den Äther ging. Augenblicklich wurde daraus ein Beitrag für die folgenden Nachrichtensendungen und für eine ganze Kette von Interviews in anderen Sendern. So können am Ende auch Kieselsteine Wellen werfen. Und unvergessen ist mir der Satz von Kurt Bekker, diesem feinfühligen Menschen und Journalisten, der sich in Bonns Untiefen nur schlecht zurechtfand: »Man tut gut daran, am Freitagnachmittag um 17 Uhr am Schreibtisch zu sitzen. Denn dann gehen in Bonn die Bomben hoch.«

Kurt Becker, selbst einer der renommiertesten deutschen Zeitungsjournalisten, hielt natürlich in erster Linie Kontakte zu den Printmedien. Dadurch, aber zweifellos nicht ausschließlich durch ihn bedingt, hat nach meiner Einschätzung in der Schlußphase der Koalition eine Auffächerung der Medien stattgefunden, die in einem merkwürdigen Bipolarismus zwischen Kanzleramt und Baracke endete. Während die Zeitungen bis zum Schluß zu Schmidt in der Weise hielten, daß sie ihn fair behandelten und beschrieben, orientierte sich ein großer Teil der jüngeren Fernseh- und Hörfunkjournalisten in Richtung Parteizentrale der SPD. Dies war in Bonn eine bis dahin unbekannte Tendenz, die einerseits mit der explosionsartigen Zunahme der Bonner Berichterstatter während der 70er Jahre zusammenhing, andererseits mit den Folgen von 1968. Denn es hatte nun eine jüngere Generation von Presseleuten ihre Arbeit aufgenommen, die sich, sagen wir, der SPD Willy Brandts mehr als der Person von Helmut Schmidt verpflichtet fühlte.

Anders als in früheren Bonner Korrespondentenzeiten, als jeder jeden kannte und man über die politischen Lager hinweg freundschaftliche Kontakte unterhielt, hatte zudem in den 70er Jahren in den Pressehäusern des Regierungsviertels eine verschärfte Fraktionsbildung eingesetzt, wurde mit anderen Worten sehr genau unterschieden, ob man in der SPD zur Brandt- oder zur Schmidt-Richtung zählte. Daß diese Re-Ideologisierung in den elektronischen Medien, nicht so sehr in den Printmedien, 1981/82 ein zusätzliches Handicap für Helmut Schmidt war, steht nach meinem Dafürhalten und nach meinen Beobachtungen außer Frage.

Besonderen Respekt hatten die Medienprofis des Kanzlers natürlich vor einem Hamburger Nachrichtenmagazin, das zuweilen der Trendsetter für Themen der ersten Wochenhälfte sein kann, ehe dann die Fortsetzung am Donnerstag in einer illustrierteren Form eines weiteren an der Elbe beheimateten Magazins erfolgt. Dieses Hamburger Nachrichtenmagazin erhielt daher ganz im Sinne der präventiven Medienstrategie eine Sonderbehandlung, gab es Zitate aus Kabinettsitzungen – im Gegensatz zur Regierung Kohl –, die auf diesem Gebiet ihre Reihen auffällig geschlossen hält. Daher kann ich im großen und ganzen der Auffassung eines führenden SPIE-

GEL-Journalisten zustimmen, der kurz nach der Machtwende mir gegenüber die Auffassung vertrat, daß Helmut Schmidt als Person während der acht Jahre seiner Kanzlerschaft gut in dem Nachrichtenmagazin weggekommen sei. Man habe ihn geschätzt, was von ihm selbst durchaus nicht immer registriert worden sei.

Indiskretionen aus der Umgebung des Kanzlers nahmen übrigens in dem Tempo zu, in dem sich das Ende der Koalition näherte. Während einer Morgenlage bat Kanzleramtsminister Gunter Huonker, der den Vorsitz hatte, die etwa 15köpfige Runde in einer bestimmten Angelegenheit um Diskretion. Zwei Stunden später konnte ich seine Mitteilung in Form einer Meldung einer Bonner Nachrichtenagentur nachlesen, die mir von einem Boten hereingereicht worden war. Wo die Leckstellen im Kanzleramt und an seiner Peripherie lagen, ist mir nach 1982 sehr schnell klar geworden.

Wenn ich die Auffassung vertrete, daß sich Helmut Schmidt am Ende gegenüber den Medien in der Rolle des Zauberlehrlings befunden hat, dann liegt das in der Konsequenz der Entwicklung der 70er/80er Jahre. Denn während seiner Kanzlerschaft nahm die Omnipräsenz der Medien im Bonner Politikbetrieb zu. Unbegreiflich ist für mich, daß man dem Fernsehen vor Kabinettssitzungen Einlaß ins Bundeskanzleramt gewährte. Aber möglicherweise dachten die Regierungsparteien hier an Gesichtspunkte der Kostenersparnis. Denn die entspannten, fröhlichen Ministergesichter lassen sich ja auch in Wahlkampfzeiten als Fernsehspots verwerten.

Geradezu würdelos empfand ich aber kurz nach dem Sturz von Helmut Schmidt eine Fernsehszene, die sich in den Räumlichkeiten der Villa Hammerschmidt, des Sitzes des Bundespräsidenten, abspielte. Präsident Carstens hatte die Parteiführer zu sich gebeten, um nach dieser Aussprache den Termin für die Bundestagswahlen bekanntzugeben. Aber noch im Hause des Bundespräsidenten scheuten sich die Politiker nicht, vor laufenden Fernsehkameras erste Statements abzugeben. Man stelle sich vergleichsweise einmal vor, daß ein britischer Premierminister nach einer Unterredung mit der Königin im Buckingham Palace Fernsehjournalisten Rede und Antwort stehen würde. – Genau dies wird in Bonn nicht beherrscht, das Geheimnis der Distanz, der Würde, ja vielleicht sogar der Rede- und Interviewpause, derer selbst eine vergleichsweise junge Demokratie wie die Bundesrepublik gelegentlich bedarf.

Wenn ich an dieser Stelle meine Funktion als Ghostwriter von Helmut Schmidt erneut überdenke, dann wird mir klar, daß es einen Zusammenhang zwischen der zunehmenden Medienpräsenz des Bundeskanzlers und meiner Arbeit gegeben hat. Unter die Fernsehfuchtel ist die Bonner Politik Mitte der 60er Jahre, beim Übergang der Regierung Ludwig Erhard auf die Große Koalition unter Kurt Georg Kiesinger geraten. Bis zu diesem Zeitpunkt gab es praktisch keine Ghostwriter in Bonn, allenfalls Berater vom Typ eines Rüdiger Altmann. Ghostwriter sind in dem Moment für die Politiker wichtig geworden, als die Dauerbeleuchtung durch das Fernsehen und der Unfug der 30 Sekunden langen Statements nach dem Motto: »Was ihr wollt« einsetzte. Da ein Bundeskanzler jedoch im Korsett eines engen Terminplans steckt, von Sachzwängen mannigfacher Art beherrscht wird, liehen ihm Redenschreiber fortan die Zeit, die er im Grunde genommen nicht hatte. Das Fernsehen scheint mir somit verantwortlich dafür zu sein, daß ich überhaupt in die Tätigkeit bei Helmut Schmidt gelangen konnte. Ich erweiterte mit meiner Zusammenarbeit gewissermaßen den Arbeitstag des Kanzlers, für die unvermeidlichen Fernsehstunden, für den Polit-Simplismus, der in der Bonner Politik mehr und mehr seinen Einzug gehalten hat und schleichend das Berufsbild der Journalisten, die Tätigkeitsmerkmale eines noch vor wenigen Jahren faszinierenden Berufes verändert, wenn man nostalgisch an die Chancen denkt, die Hörfunk und Fernsehen dem Korrespondenten in den 60er und 70er Jahren boten.

In der Medienpolitik des Kanzlers nahm die ansonsten an die Kette gelegte Abteilung 5 der Regierungszentrale eine starke Stellung ein. Da Helmut Schmidt für diesen Bereich entweder das sonst bei ihm anzutreffende originäre Interesse nicht besaß oder weil ihm die Zeit zum Durchdenken einer eigenen Position fehlte, griff er viel davon auf, was ihm Albrecht Müller und seine Mannen aufschrieben. Eine bekannte Formel war der fernsehfreie Tag, ein anderes Thema die Informationsflut oder Zeichenüberflutung, wie Helmut Schmidt sie nannte.

Der Kanzler vertrat dazu im kleinen Kreis die Ansicht, daß im Vergleich zur Jahrhundertwende Zigtausende von Informationen und Bildern auf den einzelnen einströmen würden. Bilder, so meinte Helmut Schmidt, zwängen jedoch nicht so zur Reflektion wie Buchstaben. Daher berge die neue Kommunikationstechnik das Risiko in sich, Neurosen und Ängste zu schüren. Denn die Masse der Menschen werde mit der Bilderflut nicht fertig. Als Bundeskanzler, so Helmut Schmidt einmal, müsse er täglich 16 Stunden lang beim Studium von Akten und anderen Schriftsätzen Unwichtiges von Wichtigem trennen. Dafür habe der Normalbürger keine Zeit. Er werde somit von den Medien überfordert.

Nicht nur aus diesem Grund überraschte mich daher wenige Monate nach dem Machtwechsel die Nachricht, daß Helmut Schmidt Mitherausgeber der ZEIT in Hamburg geworden war. Und schon bald darauf erschienen erste Beiträge des Exkanzlers, bei denen noch die alten »Versatzstücke« hervorschimmerten, die die Beamten des Bundeskanzleramtes und die Redenschreiber der Gruppe 03 ihm erarbeitet hatten. Wenn man näher hinschaute, waren dies im Grunde genommen jedoch keine

Leitartikel, sondern weiterhin die Notationen eines Politikers. Es fiel durchaus auch auf, daß der ehemalige Kanzler kein sicherer Stilist war. Seine für Publikationen bestimmten Texte, so hatte ich schon früher gefunden, ähnelten seinen Eßgewohnheiten und seinen asketischen, in der Wolle protestantisch gefärbten Neigungen. Denn Helmut Schmidt versagte sich beim Konzipieren jede Arabeske, jedes opulente, barocke Element, das nun einmal zur Freude am Schreiben, an der Erstellung einer Geschichte, einer Dramaturgie, gehört.

Wenn wir für den Kanzler während unserer Zusammenarbeit den einen oder anderen Zeitungs- oder Zeitschriftenartikel verfaßt und eine schmissige Schlagzeile entworfen hatten, kam es oft genug vor, daß er diese zusammenstrich und ein einfaches »Beiträge« daraus machte. Typische Schmidt-Titel, die wiederum nun sehr gut zu ihm passen, sind: »Pflicht zur Menschlichkeit«, oder: »Der Kurs heißt Frieden« gewesen.

In der SPD wurden die neuen Aktivitäten des Kanzlers genauestens registriert. Mancher Parteifreund fand sich in gewissen Vorurteilen über die Industrielastigkeit von Helmut Schmidt bestätigt. Und es war kein Zufall, daß vor dem Kölner Raketenparteitag ein Witz über Helmut Schmidt kursierte, der auf die umfangreiche Reisetätigkeit des Exkanzlers auf den Spuren seines Freundes Henry Kissinger anspielte: Weißt du schon, daß die Rede von Helmut Schmidt heute nicht stattfinden wird? Nein. Warum? Weil die SPD nicht in der Lage ist, ihm das geforderte Honorar in Höhe von 25 000 Dollar zu zahlen! – Ein böser Scherz, aber wie ich feststellen konnte, fielen die Genossen reihum auf die Geschichte herein.

Der Wechsel von Helmut Schmidt zu einer Zeitung kam aber auch sicherlich nicht nur für mich wie aus heiterem Himmel, weil der Exkanzler, wie schon angedeutet worden ist, die Funktion einer unabhängigen Presse innerlich nicht recht akzeptiert. So wie er die Nähe von Historikern gemieden hat, die aus der zeitlichen Distanz die Ereignisse beschreiben, wie sie sich einmal abgespielt haben, so hat er in der ZEIT und im STERN unlängst versucht, die frisch ausgebrochene Debatte um die Ereignisse im September 1982, die zum konstruktiven Mißtrauensvotum führten, in seinem Sinn zu steuern. Dies ist aus seiner subjektiven Sicht verständlich, hat jedoch nichts mit der historischen Wahrheit zu tun. Hier scheint mir der ehemalige Kanzler noch viel zu sehr Akteur zu sein, dem die Distanz zu dem Ereignis, das ihn wurmt, fehlt.

Denn es muß Helmut Schmidt persönlich sehr verletzt haben, auf welche Weise er aus dem Amt scheiden mußte. Nach seiner Persönlichkeit zu urteilen, hätte er es vorgezogen, in einer offenen Feldschlacht, also bei Bundestagswahlen, unterzugehen. Diese katilinarischen Gespräche von politischen Funktionsträgern, von kleinen Machteliten, die zur Verabredung einer neuen Koalition führten, müssen Helmut Schmidt schwer getroffen haben. Denn er konnte diesen Gegner nicht stellen, sondern mußte ohnmächtig zuschauen, wie der Abmarsch geschah. Alle Heere hatten sich am Ende von ihm abgesetzt, auch die eigenen Truppen.

So lebt Helmut Schmidt heute wie im Kyffhäuser mit seiner Geschichtslegende. Aber er tut dies ohne jede Not, auf solche Konstrukte zurückgreifen zu müssen, denn sein Platz in der Geschichte ist ihm ja nicht zu nehmen, wenn man erste wissenschaftliche Werke über ihn studiert. Auch in dieser Haltung verbirgt sich eine gewisse Tragik. Denn Schmidt wurde zu einem Zeitpunkt aufs politische Altenteil geschickt, als Konrad Adenauer die frisch dekorierte Bühne der Bundesrepublik noch nicht betreten hatte.

Die ZEIT ist daher vermutlich nur eine Notlösung für den Exkanzler gewesen, der es wohl vorgezogen hätte, dem Ruf in ein politisches Amt mit internationaler Wirkung zu folgen. Daher hätte ihm die leider besetzte Position des NATO-Generalsekretärs wohl besser angestanden. Aber die Bundesrepublik tut sich mit ausgedienten Spitzenpolitikern ziemlich schwer, wie es überhaupt für die politische Kultur des Landes kein Ruhmesblatt ist, daß es für Klaus Bölling und Günter Gaus, zwei ehemalige Staatssekretäre und exzellente Journalisten, nach der Bonner Wende keine öffentliche Verwendung mehr gegeben hat. Dieses Land leistet sich jedenfalls gegenwärtig viel Mittelmaß und läßt derweil einen Teil seiner ›Köpfe‹ spazierengehen.

Da die SPD Helmut Schmidt weitgehend verdrängt hat, kann er auch von Glück reden, daß er nicht an jenen starken Sätzen gemessen wird, die ihm die Planungsabteilung zu Themen der Kommunikation oder der Neuen Medien aufgeschrieben hat, gegen die man zu Beginn der 80er Jahre heftig zu Felde zog. 1985 hat der ehemalige Kanzler dann noch einen weiteren Satz in seiner medialen Entwicklung getan und ist erstmalig im Privatfernsehen aufgetreten, als Talkmaster in einem Interview mit Leonard Bernstein, dem bekannten amerikanischen Dirigenten. Wer damals nicht verkabelt war, konnte das zweistündige Interview übrigens in der ZEIT nachlesen oder die entsprechende Kassette erwerben.

Von der Parole des fernsehfreien Tags scheint Helmut Schmidt somit Abschied genommen zu haben, wie das Staunen darüber nicht weichen will, daß er 1983 ausgerechnet zu der Seite übergewechselt ist, die er im Grunde seines Herzens verabscheut hat. »Halten Sie mir die Dame vom Leib«, fauchte er uns eines Tages an, als die Kunde an sein Ohr gedrungen war, daß eine bekannte Bonner Fernsehjournalistin ihn am Rande einer Veranstaltung zu einem kurzen Interview bitten wollte.

Helmut Schmidt nach 1982

Ich bin Helmut Schmidt nach dem 1. Oktober 1982 nur noch vier-, fünfmal kurz begegnet. Er erkannte mich zwar schon von weitem, aber vermutlich hatte er längst vergessen, daß ich zwei Jahre lang sein Redenschreiber gewesen war. Den meisten anderen der schätzungsweise zwei Dutzend Referenten, die während der achteinhalb Kanzlerjahre in seiner Nähe gearbeitet haben, wird es ähnlich ergehen. Als wir uns das erste Mal nach dem konstruktiven Mißtrauensvotum auf einem langen Gang im Bundeshaus begegneten, wo das Büro sich befindet, das jedem ehemaligen Kanzler der Bundesrepublik Deutschland zeitlebens zusteht, kam mir unwillkürlich die Schlußszene einer Kurzgeschichte von Heinrich Böll in den Sinn: »Ich blieb nachdenklich stehen, als er ging: er eilte sehr, und seine Eile schien aufrichtig zu sein.«

Nur vier Wochen blieb Helmut Schmidt nach dem konstruktiven Mißtrauensvotum in den Schlagzeilen der deutschen Presse. Dann fiel seine Entscheidung, auf eine Spitzenkandidatur bei den Bundestagswahlen im März 1983 zu verzichten. Denn der in den Tagen der hessischen Landtagswahlentscheidung entstandene Schulterschluß mit seiner Partei konnte nicht lange halten. Danach begab sich der ehemalige Bundeskanzler auf zahlreiche Reisen, die mit einem Erholungsurlaub in Mexiko einsetzten und ihre Fortsetzung mit zahlreichen Vortragstourneen in den Vereinigten Staaten und in Japan fanden. Ungläubig registrierte der Exkanzler die nicht enden wollende Flut der Einladungen, die ihn für die folgenden zwei Jahre verplant hätten, wäre er allen Angeboten nachgekommen.

Bei den vielen Auslandsreisen, die der Exkanzler in den Jahren 1983/84 dennoch unternahm, war ein Motiv nicht zu übersehen: Helmut Schmidt mied ein wenig das Land, das sich ihm gegenüber undankbar verhalten hatte, weil es auf seine weiteren guten Dienste verzichtete. Ein ähnliches Motiv war auch bei Herbert Wehner zu verspüren, der seinen Rückzug aus der deutschen Politik, den Verzicht auf den Vorsitz der SPD-Bundestagsfraktion Anfang 1983 aus Schweden bekanntgab, dem Land, in dem 40 Jahre zuvor aus dem Kommunisten ein leidenschaftlicher Kämpfer für die Demokratie geworden war. Damit war von der Führungstroika der SPD nur noch Willy Brandt übrig.

Helmut Schmidts geradezu faustischer Drang in die Ferne, die fetten Honorare, die er binnen kürzester Zeit aufgrund des Vertrags mit einer bekannten amerikanischen Agentur verdiente, riefen nicht nur bei den Parteifreunden, sondern auch beim wohlmeinenden deutschen Publikum Stirnrunzeln hervor. War es um die Versorgungsbezüge eines ehemaligen Bundeskanzlers, dem zahlreiche Zusatzpensionen aufgrund der acht Jahre als Soldat und der mehr als 30 Abgeordnetenjahre zustanden, so schlecht bestellt, daß er auf lukrative Nebenverdienste angewiesen war? Mir scheint, daß diese Frage am Kern der Dinge vorbeizielt. Denn vermutlich blieb Helmut Schmidt auch jetzt im persönlichen Bereich der bescheidene Mensch, den ich erlebt hatte. Aber der frühere Kanzler hat zu Beginn seiner wirklich großen politischen Karriere in einem Interview mit Günter Gaus im Jahre 1964, das ich für einen Schlüssel zu seiner Persönlichkeit halte, die Motive für seinen Drang nach Gelderwerb genannt. Es war die Sorge des Mittvierzigers, eines Tages mittellos dazustehen, wenn die politische Karriere abrupt beendet wäre. Gewissermaßen blieb dies eine »idée fixe« des Hamburgers bis zum Ende seiner politischen Laufbahn, an der sich auch nichts änderte, als die Versorgungsbezüge von Ministern und Bundestagsabgeordneten in den 70er Jahren kräftig verbessert wurden.

Ein weiteres wichtiges Motiv trat bei den Vortragstourneen von Helmut Schmidt seit 1983 hinzu. Während seiner gesamten beruflichen Laufbahn hatte sich Helmut Schmidt von der Arbeitsleistung und vom Können her mit den Vorständen führender deutscher Unternehmen und Banken verglichen. Dies hatte einmal in dem Bild vom Bundeskanzleramt gegipfelt, das Helmut Schmidt mit dem gemeinsamen Vorstandssekretariat eines Unternehmens verglich. Gewissermaßen kompensierte er nun nach seinem Abschied vom Bundeskanzleramt jene Zeiten, in denen er nach seiner Auffassung unterbezahlt gewesen war. Im Gespräch mit Industriellen, so erinnere ich mich, ist von Helmut Schmidt mehr als einmal der Satz gefallen: »Meine Herren, Sie arbeiten halb so lang wie ich, verdienen jedoch das doppelte Geld.«

Zur Verstärkung des Eindrucks über einen Exkanzler, dem allzuviel daran lag, ein Vermögen zusammenzubringen, trug dann auch die neue Karriere seines alten Hausmeiers Manfred Lahnstein bei. Denn Lahnstein gab das Bundestagsmandat zurück, das er nach schweren innerparteilichen Auseinandersetzungen durch eine günstige Plazierung auf der nordrhein-westfälischen Landesliste der SPD erhalten hatte, und heuerte als Vorstandsmitglied beim Mediengiganten Bertelsmann an. Große Teile der Partei hatten fortan seine Bezüge vor Augen, übersahen jedoch dabei, daß die SPD mit der Besetzung einer Schlüsselposition im Bereich der Neuen Medien jene Fehler korrigierte, die sie bei ihrem Amoklauf zu Beginn der 80er Jahre verursacht hatte.

Neben dem Jet-set-Tourismus fand Helmut Schmidt aber auch wieder zurück zu seinen musischen Neigungen. Noch als Bundeskanzler hatte er zusammen mit Christoph Eschenbach und Justus Frantz ein Konzert für drei Klaviere von Wolfgang Amadeus Mozart einstudiert und in London auf Schallplatte aufgenommen. Es folgte 1985 ein Bach-Konzert für vier Klaviere und Streicher mit den Hamburger Philharmonikern, das in der Friedrich-Ebert-Halle von Hamburg-Harburg aufgezeichnet wurde.

Neben diesen Aktivitäten, die ihn immer wieder ins Fernsehen brachten, war es für den ehemaligen Kanzler sicherlich eine große Genugtuung, daß seine Popularität in der deutschen Öffentlichkeit ungebrochen war. Innerhalb von wenigen Wochen nach seinem Sturz gingen etwa 15 000 Briefe und Telegramme in seinem Büro ein, was einen seiner Mitarbeiter zu dem Seufzer veranlaßte: »Das Problem von Helmut Schmidt besteht darin zu begreifen, daß er statt 400 nur noch 4 Mitarbeiter hat.« Und diese erstaunlich große Zahl von vier Mitarbeitern war nur zustande gekommen, weil sich der Nachfolger von Helmut Schmidt im Bundeskanzleramt, Helmut Kohl, bei einer kurzen Begegnung mit Helmut Schmidt in den Tagen des Machtwechsels äußerst nobel verhalten und ihm vorübergehend zwei hochdotierte Planstellen des Bundeskanzleramtes überlassen hatte. Zur historischen Wahrheit gehört damit übrigens auch, daß die großzügige Ausstattung des Büros des ehemaligen Bundeskanzlers, die bis zu seinem Abschied vom Deutschen Bundestag 1987 aufrechterhalten wurde, nur durch das beherzte Eingreifen von einigen Abgeordneten der CDU/CSU zustande kam. Die eigene Partei gönnte ihrem ehemaligen Kanzler die vier Referenten nicht und hätte dies, wenn sie dazu bei den Haushaltsberatungen imstande gewesen wäre, verhindert.

Helmut Schmidt übersah dies jedoch großmütig und engagierte sich noch einmal für seine Partei im Bundestagswahlkampf 1983, bei dem er erneut in den Anzug des Weltökonomen schlüpfte und den Spitzenpolitikern des Westens vorwarf, nicht besonders gut mit der Weltwirtschaftskrise fertig zu werden. Dabei hatte der Zuhörer das Gefühl, daß Helmut Schmidt damit nicht nur Ronald Reagan und Helmut Kohl meinte, sondern im Grunde genommen auch den SPD-Kanzlerkandidaten Hans-Jochen Vogel. Denn bei den wohldosierten Wahlkampfeinsätzen des Exkanzlers fiel auf, daß er den Namen Vogels nur dann nannte, wenn dies nicht zu vermeiden war.

Viel hatte der wirtschaftspolitische Teil des SPD-Wahlkampfprogramms von 1983 jedenfalls nicht mehr mit jenem wirtschaftspolitischen Testament zu tun, das der Kanzler bei zwei Sitzungen seiner Fraktion am 22. und 30. Juni 1982 hinterlegt hatte. Denn damals war nicht von staatlichen Ankurbelungsmaßnahmen die Rede gewesen, sondern von einer zu hohen Staatsquote, von den Grenzen der steuerlichen Belastung für höhere Einkommen und dem Zwang des Sparenmüssens für die öffentlichen Haushalte. Helmut Schmidt hat bei Gesprächen im kleinen Kreis als Beginn der Fehlentwicklungen immer den Weltwirtschaftsgipfel von 1977 in London genannt. Dort hatte sich die Bundesregierung verpflichtet, zur Ankurbelung der Weltkonjunktur mehr Kredite als ursprünglich geplant aufzunehmen. Aber angesichts einer weltweiten Strukturkrise verpuffte der gigantische Mitteleinsatz, beschleunigte sich die Inflation weiter, hätte man am Ende, so der Kanzler, die Bescherung in Gestalt der enormen Zinsbelastung der öffentlichen Haushalte gehabt.

Hart muß der Gang für Hans-Jochen Vogel zu einer gemeinsamen Wahlveranstaltung mit Helmut Schmidt in Hamburg-Bergedorf, also im Wahlkreis des Exkanzlers, gewesen sein, obwohl im Februar 1983 die Absicht von Helmut Schmidt unverkennbar war, wieder näher an seine Partei heranzurücken. Er interpretierte das Zustandekommen des NATO-Doppelbeschlusses neu, hielt in der Abrüstungsdebatte jedoch weiterhin eine merkliche Distanz zu Willy Brandt, Egon Bahr und Hans-Jochen Vogel.

Vogel, dem dann eine erstaunliche Integrationsleistung in einer SPD-Bundestagsfraktion gelang, indem er das allgemein erwartete Ausbrechen von Flügelkämpfen unterband, hielt bis an die Grenzen der Selbstverleugnung zu Schmidt, der ihn keinesfalls fair behandelte. So ließ Helmut Schmidt zu Beginn der heißen Phase des Bundestagswahlkampfes verlauten, daß er sich zurückhalten werde, damit der Scheinwerfer von Vogel nicht abgezogen werde. Und es wurde ein Satz des Exkanzlers kolportiert, wonach er jeden Tag dreimal bete, daß Hans-Jochen Vogel endlich Führungsqualitäten zeige.

Das Bemühen des SPD-Bundestagsfraktionsvorsitzenden, Schmidt so eng wie möglich an die Partei heranzubringen, wenn es im November zur Entscheidung über die Nachrüstung käme, stand klar erkennbar im Vordergrund, als sich Vogel am 4. August 1983 erneut nach Hamburg zu Helmut Schmidt begab. Dieser schien nun in der Frage des NATO-Doppelbeschlusses zu schwanken, jedenfalls hatten die Amerikaner diesen Eindruck. Denn in einem Interview mit der Washington Post hatte sich Helmut Schmidt im Mai zur sogenannten Waldspaziergangsformel bekannt. Sie bezog sich auf jenen legendären Marsch von Paul H. Nitze und Julij Kwizinski in den Wäldern oberhalb von Genf, bei dem sich die Verhandlungsführer der beiden Supermächte im Sommer 1982 darauf verständigt hatten, je 75 Mittelstreckenraketensysteme auf beiden Seiten unter Ausschluß der Pershing II zu belassen bzw. zu stationieren. Der amerikanische Verteidigungsminister Caspar W. Weinberger, der kurz nach Schmidts Interview in der Bundeshauptstadt gewesen war, hatte den Exkanzler wegen seiner vermeintlichen Positionsaufgabe scharf angegriffen. Helmut Schmidt, mittlerweile Mitherausgeber der ZEIT, antwortete darauf postwendend und stellte in der Wochenzeitung seine Position klar. Beobachter empfanden zu dieser Zeit, daß der Bundeskanzler ähnlich wie sein Vorgänger dachte, also auch die Genfer Waldspaziergangsformel favorisierte.

Unterdessen heizte sich die innenpolitische Debatte

um den NATO-Doppelbeschluß weiter auf. Da es Hans-Jochen Vogel vorzog, diskret und hinter den Kulissen zu operieren, hatten die Feldprediger in der SPD freie Bahn. Erhard Eppler und Oskar Lafontaine zogen durch die Lande. Einen vorläufigen Höhepunkt erreichte die Massenhysterie, als der hessische Landtagsabgeordnete der Grünen, Schwalba-Hoth, pikanterweise ein Reserveoffizier der Bundeswehr, bei einer Begegnung zwischen deutschen Parlamentariern und hohen amerikanischen Offizieren am 3. August 1983 einen General mit Ochsenblut übergoß.

Die gesamte Verkrampfung der innenpolitischen Debatte, die nun schon zu einer Art von Obsession geworden war, zeigte sich im Sommer 1983 aber auch an anderen Extremen. So wurden die Sommerfeste der Amerikaner, Briten und Franzosen in Berlin, die es schon seit Jahrzehnten gegeben hatte, quasi über Nacht Bestandteile der Hauptnachrichtensendungen des Fernsehens. Andererseits war dann der Flugtag von Ramstein Anfang August 1983 das Thema, das mit großer Erbitterung diskutiert wurde, fünf Jahre, bevor das schwere Unglück am gleichen Ort den Verteidigungskonsens in der Bundesrepublik weiter bröckeln ließ, weil es nach dieser Katastrophe immer schwieriger wurde, der deutschen Öffentlichkeit die Notwendigkeit von militärischen Tiefflügen, nicht von gefährlichem akrobatischen Kunstflug, zu vermitteln.

Ein Lichtblick in dieser Zeit, in der die Wellen der Emotionen hoch schlugen, war das Luther-Jahr 1983, das zu zahlreichen deutsch-deutschen Begegnungen führte, nachdem Franz Josef Strauß mit der Einfädelung eines Milliardenkredits für die DDR einen abrupten Kurswechsel in der Deutschlandpolitik der Union vollzogen hatte. Denn zunächst hatte es in den deutsch-deutschen Beziehungen eher nach einer Abkühlung des Verhältnisses ausgesehen, wozu auch die schrillen Töne des Bayern nach dem mysteriösen Todesfall eines Bundesbürgers am Grenzübergang Drewitz im April 1983 beigetragen hatten. Helmut Schmidt reihte sich jedenfalls in den steten Strom der DDR-Reisenden ein und stattete auf Einladung mehrerer evangelischer Landeskirchen der DDR Anfang September 1983 einen Besuch ab. Nun hatte er erstmalig Zeit für jene Gespräche und Sehenswürdigkeiten, die ihm als Bundeskanzler gefehlt hatte.

Bezeichnend für das vorsichtige Lavieren von Hans-Jochen Vogel, das mittlerweile auf Kritik beim »Seeheimer Kreis«, einer Vereinigung von rechten Sozialdemokraten, stieß, war die Abwesenheit des SPD-Fraktionsvorsitzenden beim Parteitag in Offenburg. Denn dies war Anfang September 1983 das erste Treffen in einer Serie von 18 Landesparteitagen der SPD, bei denen die Oppositionspartei ihre Linie für die im November anstehende Entscheidung über den NATO-Doppelbeschluß festlegte. Aber anscheinend hatte Vogel den Kampf bereits aufgegeben. Denn in Offenburg kam ein nahezu 100prozentiges Ergebnis gegen die Nachrüstung zustande, und das, obwohl sich zahlreiche Delegierte am Rande der Veranstaltung kritisch äußerten.

Aber draußen tobte der Kampf um die öffentliche Meinung, wurden hemmungslos die Ängste geschürt und das Bild von einer cowboy-dominierten Supermacht Amerika entworfen, in dem Präsident Ronald Reagan wie einst John Wayne im Film den Finger am atomaren Abzugshebel hatte. Günter Grass, der noch zu Beginn der 70er Jahre sein Plädoyer für politische Reformen nach dem Tempo der Schnecke abgeliefert hatte, zog sich nun Siebenmeilenstiefel an und eilte nach Mutlangen. Und leider verlor auch Günter Gaus nun die Contenance und schrieb in seinem Buch »Wo Deutschland liegt«, daß man von einer Geneigtheit zum Krieg im Westen und in der Bundesrepublik sprechen könne. Ausnahmsweise schien mir die Erklärung des Gießener Psychoanalytikers

Horst-Eberhard Richter einleuchtend, der im Zusammenhang mit der Raketendebatte und der deutschen Angst von einer Über-Ich-Strenge des deutschen Volkscharakters sprach. Wenn Ideal und Wirklichkeit nicht übereinstimmten, so Richter, entstehe ein paranoider Extremismus. Genau davor hatte Schmidt, der im November 1981 ein langes Gespräch mit dem bekannten Psychoanalytiker geführt hatte, Angst gehabt, daß nämlich viele Menschen in der Bundesrepublik meinten, es existiere fortan kein von Emotionen abgekoppelter Vernunftbegriff mehr.

Im Oktober 1983 formierten sich dann die Heere in der Bundesrepublik zum Aufmarsch. Westliche Staatsmänner eilten herbei, um die Regierung Kohl in ihrer Haltung zur Durchsetzung des NATO-Doppelbeschlusses zu bestärken: Margaret Thatcher, Jacques Chirac und unmittelbar nach der parlamentarischen Entscheidung in Bonn, François Mitterrand. Aber auch der Exkanzler besann sich seiner Verpflichtungen und meldete sich zehn Tage vor der Entscheidung in Bonn aus dem fernen Singapur mit der Nachricht, daß er für den NATO-Doppelbeschluß eintreten werde, wenn sich in Genf nichts mehr ereigne.

Nach seinem Untergang beim Kölner Raketenparteitag ging Helmut Schmidt dann am 21. November 1983 während der zweitägigen Aussprache ans Rednerpult im Deutschen Bundestag, um in einer glänzenden Rede, der wohl besten der gesamten Debatte, seine Haltung darzulegen. Schon hier tauchte jenes Leitmotiv auf, das dann seine letzten, sorgfältig dosierten Auftritte im Parlament in den folgenden Jahren bestimmt hat. Denn der ehemalige Kanzler führte gegen Ende seiner Rede aus, daß es nun auf eine »enge deutsch-französische tatsächliche politische Zusammenarbeit« ankomme. So wie früher seit den Zeiten de Gaulles und Adenauers außen- und wirtschaftspolitisch eng zusammengearbeitet worden sei, »so muß das auch gegenwärtig möglich gemacht werden«. Alfred Dregger, der später Schmidts Ideen auf der Seite der CDU/CSU vielleicht am nachdrücklichsten unterstützt hat, stimmte Helmut Schmidt in dieser Situation mit einem lauten Zwischenruf zu.

Eine klare Absage erteilte der ehemalige Kanzler bei seinem Auftritt jedem Gedanken an Widerstand gegen die zu erwartende Parlamentsentscheidung. Ich hatte als Parlamentskorrespondent zu dieser Zeit den Eindruck, daß mancher deutsche Intellektuelle, der sich als junger Mensch während der Zeit des Dritten Reiches nicht durch besondere Tapferkeit ausgezeichnet hatte, sich in der Nachrüstungsdebatte gewissermaßen nachträglich nobilitieren wollte. Daran mochte auch Helmut Schmidt an diesem Tag denken, als er sagte: »Das Wort ›Widerstand‹ ist in Deutschland vornehmlich verbunden mit dem mit Risiko für das eigene Leben verknüpften Versuch, Hitler zu bekämpfen oder ihn zu beseitigen. In diesem Sinne sollte wirklich heute von Widerstand gegen den Beschluß, den diese Bundestagsmehrheit morgen fassen will, nicht gesprochen werden.«

Nicht nur die Ankunft von François Mitterrand in Bonn, die das Vakuum ausfüllen half, in das die Bundesregierung nach der Entscheidung zugunsten des NATO-Doppelbeschlusses geriet, sondern auch die bevorstehende Nominierung von Richard Freiherr von Weizsäkker als Bundespräsident durch die Unionsparteien trugen dann dazu bei, daß sich die Gemüter schnell beruhigten und die hier und da befürchtete Polarisierung der Gesellschaft in Raketengegner und -befürworter nicht eintrat.

Daher richtete sich unmittelbar vor Weihnachten dann auch das ungeteilte Interesse des ganzen Landes auf Hamburg, wo Helmut Schmidt inmitten von Freunden aus der gesamten Welt seinen 65. Geburtstag feierte. Valéry Giscard d'Estaing war ebenso gekommen wie Henry Kissinger. Und es ging mir noch einmal an diesem 23. Dezember durch den Kopf, daß Konrad Adenauer schon 73 Jahre alt gewesen war, als ihn 1949 eine äußerst knappe Mehrheit zum Bundeskanzler wählte. An diesem Tag, so hatte es den Anschein, vergaß Helmut Schmidt die Wunden, die ihm seine Partei in den Wochen zuvor geschlagen hatte, als, vor allem in Köln, Zivilcourage, Prinzipientreue und Loyalität neben einem Stück Identität der SPD zu Bruch gegangen waren.

Indirekt in die Schlagzeilen geriet Helmut Schmidt erst wieder im Herbst 1984, als ein Buch in einem SPD-nahen Verlag erschien, das den Titel »Öffnung nach Osten« trug. Das politisch Brisante an dem etwa 250 Seiten umfassenden Werk war jedoch, daß sich hinter dem Autorennamen Hans Georg Lehmann, einem Politikwissenschaftler der Universität Bonn, niemand anders als der Privatarchivar des einstigen Bundeskanzlers verbarg. Lehmann, der von 1978 bis 1988 das Privatarchiv von Helmut Schmidt betreute, dürfte sicherlich zu den intimsten Kennern des Kanzlers zählen, zumal er im September 1982 eine Schlüsselposition im Kanzleramt eingenommen hatte, als er beinahe täglich mit Schmidt zusammentraf, um Entscheidungen über den Abtransport von Archivalien zu treffen. Dadurch wuchs er in letzter Sekunde in ein besonderes Vertrauensverhältnis hinein, das ihm bleibende Eindrücke über Helmut Schmidt verschafft hat.

Lehmann »wagte« nun in seinem Buch, das die Ostreisen Schmidts während der 60er Jahre zum Inhalt hatte, die These, daß Willy Brandt, Egon Bahr und Walter Scheel zwar die Ostverträge verwirklicht hätten, Helmut Schmidt jedoch derjenige gewesen sei, der die Öffnung nach Osten in den Grundlinien konzipiert und eingeleitet hätte. Als Beleg wurden dazu Dokumente von zwei Reisen des Hamburgers in osteuropäische Länder während der Jahre 1966 und 1969 angeführt.

Über seinen Privatarchivar startete Helmut Schmidt

mit diesem Buch somit einen Angriff auf eine der zentralen Positionen des Geschichtsbildes, das nicht nur in der SPD, sondern in der gesamten deutschen Öffentlichkeit Willy Brandt entscheidende Kompetenz in diesem Bereich zuwies. Dies ist keine Überinterpretation des Vorgangs, denn Schmidt sah sich tatsächlich selbst als Vordenker der Ostpolitik, wie er ein Jahr zuvor, während eines Spaziergangs im Siebengebirge im Februar 1983 mit dem Bonner Korrespondenten der Frankfurter Allgemeinen, Helmut Herles, unterstrichen hatte. »Die ersten Gedanken dazu stehen«, so hatte der frühere Kanzler gesagt, »vorsichtig ausgesprochen, in meinem Buch von 1969 ›Strategie und Gleichgewicht‹.« Obwohl die Thesen von Lehmann ein wenig überzogen schienen, wäre es durchaus wünschenswert gewesen, wenn es darüber zu einer öffentlichen Debatte gekommen wäre. Aber anscheinend sorgte eine diskrete Regie der SPD-Parteizentrale dafür, daß Lehmanns Buch über Helmut Schmidt mit Schweigen übergangen wurde. Jedenfalls zeigten die Heroen der Ostpolitik keine Neigung, von ihren Thronen herabzusteigen.

Dafür sorgten in den nun folgenden Jahren die Basisbewegungen in den Ländern Ostmitteleuropas. Denn daran hatten die »Metternichs« der 70er Jahre, voran Egon Bahr, nicht gedacht, daß nämlich die Resultante der Ost-Verträge, ein entspannungspolitischer Opportunismus, eines nicht allzu fernen Tages durch Lech Wałesa, durch eine neue Protestgeneration in der DDR und die Menschen von Wilna, Riga und Reval in Frage gestellt werden könnten. Denn die Forderung nach Offenlegung des geheimen Zusatzprotokolls des Hitler-Stalin-Pakts vom August 1939 entsprach der in der deutschen Innenpolitik propagierten Form von Vergangenheitsbewältigung. Diese nahm in der Bundesrepublik seit 1983 übrigens immer emotionalere Formen an, weil sich nun, im 50-Jahres-Abstand zu 1933, das Dritte Reich in den Medien gewissermaßen noch einmal wiederholte.

Der schnellebigen Zeit hatte Helmut Schmidt dann aber auch Tribut zu zollen, als er zum ersten Mal seit seinem Sturz im Herbst 1982 am 27. November 1984 vor die Bundes-Pressekonferenz trat. Vor schwachbesetztem Saal – nur das österreichische Fernsehen war mit einem Kamerateam dabei – gab der Exkanzler einen Bericht zur Lage der Ost-West-Beziehungen und ihren Zukunftschancen ab. Für mich hinten im Saal war es ein besonderer Augenblick, denn nicht nur, weil mit Berndt von Staden sein alter Abteilungsleiter aus dem Amt neben ihm saß, blitzten noch einmal die Erinnerungen an jene Präzision und jene Maschinerie auf, die das Kanzleramt bis 1982 ausgezeichnet hatten. Viel konnte das politische Bonn mit diesem Report, zu dessen Abfassung auch James Callaghan, Edward Heath und Pierre Trudeau beigetragen hatten, anscheinend nicht anfangen. Wenn man einmal »out« ist, ist man aus dem Geschäft.

In bestimmten Konstellationen dachte Helmut Schmidt jedoch nicht im entferntesten daran, sich zurückzuhalten, so auch im Juli 1985, als er Johannes Rau einen Brief schrieb, über dessen Inhalt gerätselt wurde. Gerüchten zufolge hatte er seinem Parteifreund in dem Schreiben geraten, die Kandidatur bei den Bundestagswahlen 1987 noch einmal Hans-Jochen Vogel zu überlassen, da die Chancen der SPD auf einen Wahlsieg nur äußerst gering seien. Auch danach blieb der ehemalige Bundeskanzler initiativ, um die Kandidatenfrage in der SPD zu klären. In der ersten Augustwoche begab sich Hans-Jochen Vogel wieder einmal in den Norden und traf Helmut Schmidt an dessen Urlaubsdomizil am Brahmsee.

Zerrüttet blieb die Beziehung des früheren Bundeskanzlers zu seinem einstigen liberalen Koalitionspartner Hans-Dietrich Genscher. Als sich beide beim Staatsakt für den verstorbenen Alex Möller 1985 begegneten, wandte sich der Hamburger brüsk ab, als der Bundesaußenminister nach der Trauerfeier auf ihn zuging. In einer

Fernsehsendung, die Anfang September 1986 über Genscher ausgestrahlt wurde, bot der Hallenser nahezu beschwörend Schmidt an, sich endlich wieder zu versöhnen. Diese Verletztheit des Bundesaußenministers spürte ich auch bei einer Abschiedsfeier für einen langjährigen Korrespondenten des Hessischen Rundfunks, zu der Genscher erschienen war. Durch Vermittlung von Reinhard Bettzuege, dem Sprecher des Auswärtigen Amtes, kam ein kurzes Vieraugengespräch zustande, bei dem sich mein Eindruck verstärkte, daß Genscher beim Auseinanderbrechen der sozialliberalen Koalition keine treibende Kraft gewesen war. Als ich mich als früherer Mitarbeiter von Schmidt zu erkennen gab, steuerte er direkt auf den Punkt zu. Man merkte ihm an, daß ihm die Vorgänge des September 1982 noch immer auf der Seele lagen, vor allem jedoch der Nicht-Kontakt zu Schmidt.

Dagegen hatten sich anscheinend mittlerweile die Animositäten Schmidts gegenüber Helmut Kohl ein wenig gelegt. Denn es wurde im Sommer 1985 ebenfalls bekannt, daß Helmut Schmidt einen Brief an seinen Nachfolger gerichtet hatte, in dem er sich auf die Seite der SDI-Gegner schlug. Wesentlich wichtiger als die Kritik an den amerikanischen Plänen zu einer Raketenabwehr im Weltraum war jedoch, wie aus der Umgebung des Kanzlers zu hören war, der Vorschlag Schmidts für einen Ausbau der deutsch-französischen militärischen Zusammenarbeit.

Darüber hinaus hatte der Exkanzler bei anderer Gelegenheit die Runde der Redakteure seiner Zeitung mit der Bemerkung verblüfft, daß er persönlich Franz Josef Strauß für den geeigneten Kanzlerkandidaten der Union hielte. Der Bayer reichte dieses Kompliment Anfang August 1985 prompt in den Norden zurück und sagte – auf die Regierungsfähigkeit der SPD angesprochen –, daß Helmut Schmidt der geeignete Mann sei. Dem Bonner Beobachter konnte jedoch nicht entgehen, daß die längst auf den Kurs der SPD-Parteizentrale gebrachten Korrespondenten schon im Herbst 1984 in ein höhnisches Gelächter ausgebrochen waren, als Helmut Schmidts Name in diesem Zusammenhang einmal gefallen war.

Dabei hatte Helmut Schmidt für seine Partei keineswegs nur musealen Wert, sondern ist bis zum heutigen Tag bei Wahlen die einzige Zugmaschine der SPD geblieben, jedenfalls in den wirtschaftlich aufstrebenden Regionen der Bundesrepublik, in denen sich seine Partei sehr schwer tut, während sie sich in den alten Industrielandschaften, in denen der Strukturwandel auf sich warten läßt, sicher behauptet. Denn die Wahlhilfen von Helmut Schmidt in Hamburg, wo sich Klaus von Dohnanyi lange Zeit im Sattel halten konnte, und in Hessen, wo Holger Börner mit Hilfe des Noch-Kanzlers Alfred Dregger den sicher geglaubten Wahlsieg entriß, blieben keineswegs Eintagsfliegen. Der frühere Bundeskanzler blieb auch noch lange Zeit danach der populärste deutsche Politiker, so daß es ihm fast spielerisch gelang, Kandidaten bei Oberbürgermeisterwahlen durchzusetzen, die er unterstützte.

Der erste Testfall dafür war Freiburg im Breisgau, wo sich mit Hilfe von Helmut Schmidt Rolf Böhme, der bisherige parlamentarische Staatssekretär im Bundesfinanzministerium, am Ende knapp behauptete. Ähnlich ging es bald darauf in Lörrach am Hochrhein zu. Hier trat ein Kabinettsmitglied des ehemaligen Bundeskanzlers, der frühere Bundesminister für wirtschaftliche Zusammenarbeit, Rainer Offergeld, an. Und wieder vollzog sich die Entscheidung nach dem von Freiburg her bereits bekannten Muster. Helmut Schmidt wurde per Charterjet zu einer Wahlkampfveranstaltung vor dem entscheidenden zweiten Wahlgang bei der in Süddeutschland üblichen Oberbürgermeister-Direktwahl eingeflogen, und Offergeld gewann. In Mannheim passierte das gleiche, ehe dann Albrecht Müller, der streitbare Chef der Planungsabteilung im Kanzleramt, den Versuch unternahm, in Heidelberg einen äußerst populären Oberbürgermeister abzulösen, der die SPD verlassen hatte und sich als parteiloser Kandidat bewarb. Jedenfalls warf Helmut Schmidt hier in Heidelberg sein persönliches Prestige zugunsten von Müller nicht in die Waagschale und sandte seinem ehemaligen Mitarbeiter lediglich einen Unterstützungsbrief zu. Müller scheiterte dann klar, zog jedoch bald darauf über die SPD-Landesliste von Rheinland-Pfalz in den Deutschen Bundestag ein.

Der letzte meisterhafte Coup in der Kommunalpolitik gelang Helmut Schmidt im Stuttgarter Raum, also der High-Tech-Gegend der Bundesrepublik Deutschland schlechthin. Denn in Böblingen, wo Anfang 1986 Oberbürgermeisterwahlen anstanden, befinden sich neben den Produktionsstätten einer Nobel-Automobilmarke, einer weltbekannten Computerfirma auch viele weitere Unternehmen mit internationalem Ruf, erreicht das Steueraufkommen pro Kopf selbst für bundesrepublikanische Verhältnisse Rekordwerte. Ein weiteres Handicap für den Kandidaten von Helmut Schmidt schien darüber hinaus zu sein, daß Böblingen seit 1948, also dem Jahr der Währungsreform, von der CDU regiert wurde. Doch Helmut Schmidt durchkreuzte die Pläne eines Parteifreunds von Lothar Späth, des dienstältesten baden-württembergischen Oberbürgermeisters, die Stafette an einen jüngeren CDU-Politiker weiterzugeben. Alexander Vogelgsang, Referatsleiter im Bundeskanzleramt, danach Mitarbeiter von Helmut Schmidt im Büro des Altbundeskanzlers, lag zwar nach dem ersten Wahlgang wie Böhme, Offergeld und andere Kanzler-Kandidaten zurück. Aber nach dem Auftritt seines Mentors wurde der 41jährige mit 51,8 Prozent der Wählerstimmen neuer Oberbürgermeister von Böblingen. In Bonn blieb das Ereignis weitgehend unbeachtet, obwohl Helmut Schmidt mit seinem Wahlkampfeinsatz den Nachweis erbracht hatte, daß die technische Intelligenz der Bundesrepublik Deutschland für die SPD zu gewinnen ist – eine Lieblingsidee von SPD-Bundesgeschäftsführer Peter Glotz.

Weitere Personaltransplantationen aus der Umgebung von Helmut Schmidt gingen in Richtung Düsseldorfer Staatskanzlei und zuletzt im Frühjahr 1988 auch nach Kiel, wo sich mit Björn Engholm schließlich ein ehemaliges Kabinettsmitglied des Exkanzlers bei den Wahlen in Schleswig-Holstein behauptete. Diesen Zusammenhang jedoch verschwiegen der Kandidat und seine Partei fast ein wenig schamhaft. Und die Ironie der Ereignisse wollte es dann, daß mit Stefan Pelny jemand zum Chef der Staatskanzlei berufen wurde, der lange Zeit unter Helmut Schmidt im Bundeskanzleramt gearbeitet hatte. Abgerundet wurde dieses Personaltableau, das die Handschrift von Helmut Schmidt in der Politik der Bundesrepublik bis zum heutigen Tag zeigt, durch die Ernennung von Michael Bürsch zum Staatssekretär in der Bonner Vertretung des Landes Schleswig-Holstein. Denn Bürsch, der Bürochef Kurt Beckers im Bundespresseamt gewesen war, hatte nach der »Wende« wie Vogelgsang zum Referentenstamm des Büros des Altbundeskanzlers gehört. Helmut Schmidt ist somit noch immer ein Hauptlieferant von Korsettstangen für den politischen Betrieb in SPD-regierten Ländern.

Aber auch in den großen Themenfeldern der Politik zögerte Helmut Schmidt nicht, klar und eindeutig Stellung zu beziehen, etwa in der Debatte um die Folgen des Reaktorunglücks von Tschernobyl. Allerdings ließ sich der ehemalige Kanzler einige Monate dazu Zeit, ehe er im September 1986 in der Monatszeitschrift »Evangelische Kommentare« in einem Beitrag mit dem Titel »Ethik und Verantwortung« der Position seiner Partei indirekt eine klare Absage erteilte. Ohne das sogenannte Hauff-Papier und andere Ausstiegsszenarios der SPD direkt anzusprechen, holte Helmut Schmidt bei seinen Argumenten zunächst einmal in einer Art und Weise aus, wie man sie bei der erregten Debatte in den zurückliegenden Monaten schmerzlich vermißt hatte. Danach war für ihn der Umgang mit allen Energiearten mit Gefahren verbunden. Umweltrisiken bei den Kohlekraftwerken stand die Ungewißheit beim Preis von Erdöl gegenüber. Ein noch gewichtigeres Argument für den ehemaligen Bundeskanzler war in diesem Zusammenhang die Sorge, daß bei der Heranziehung herkömmlicher Energieträger zuviel Kohlenmonoxyd entstünde, das – in Mengen ausgestoßen – zu einer allmählichen Erwärmung der Erdatmosphäre führt. Schmidt appellierte daher in seinem Beitrag für einen mittleren Kurs, bis die Alternativen in einigen Jahren klarer erkennbar seien als heute.

»Mein Appell«, so schrieb Schmidt in diesem Artikel, »ist auch hier wieder der Appell an die vernunftmäßige Abwägung.« Und ein wenig später hieß es dann: »Mir will scheinen, es wäre moralisch, aber auch vernunftgemäß das klügste, sich heute so zu verhalten, daß die Freiheit zukünftiger Entscheidungen durch künftig entscheidungsbefugte Menschen heute sowenig wie möglich eingeengt wird.«

Einen kleinen Seitenhieb auf seine Parteifreunde konnte sich Helmut Schmidt in seinen Nach-Tschernobyl-Betrachtungen nicht verkneifen. Einige hätten in der Debatte um die Kernenergie, die seit 20 Jahren geführt werde, ihre Meinung ein wenig, andere sehr stark geändert. Antworten auf diese Frage, so der ehemalige Kanzler in den »Evangelischen Kommentaren«, biete der Katechismus jedenfalls nicht. Denn es bleibe das Faktum, daß menschliches Leben risikoreich sei.

Und es mochte dann am Ende des Beitrags mit dem Erscheinungsort zusammenhängen, daß der gläubige Protestant Helmut Schmidt einen Gedanken aussprach, der immer Leitschnur seines Handelns, auch in den Tagen des konstruktiven Mißtrauensvotums im Herbst

1982, gewesen ist. Gott, so schrieb Helmut Schmidt, ist der Herr über die Geschichte der Menschen. Das Vertrauen auf ihn mache Mut, Ängste auszuhalten und diese Welt anzunehmen und sie – wo erforderlich – wieder zur Heimat des Menschen zu machen.

Seinen Rückzug aus der deutschen Politik vollzog Helmut Schmidt in Etappen. Jeder seiner wenigen Auftritte im Deutschen Bundestag nach dem 1. Oktober 1982 war wohlüberlegt und fügte sich in ein Gesamtkonzept ein, das auf den Platz des ehemaligen Bundeskanzlers in der Geschichte der Bundesrepublik Deutschland abzielte. Nachdem Helmut Schmidt Ende 1983 noch einmal seine Position in der Frage des NATO-Doppelbeschlusses dargelegt hatte, ging er nur noch einige Male im Parlament ans Rednerpult. Ein Auftritt war seinem alten Weggefährten Karl-Wilhelm Berkhan gewidmet, der sich vom Amt des Wehrbeauftragten des Deutschen Bundestages zurückzog, die anderen drei dem eigentlichen politischen Vermächtnis, wie Helmut Schmidt es sah, den deutsch-französischen Beziehungen.

Karl-Wilhelm Berkhan, ein wenig älter als Helmut Schmidt, ist vermutlich der beste Freund des Exkanzlers, was vielleicht schon daraus hervorgeht, daß sie aneinander angrenzende Feriensitze am Brahmsee besitzen. Aber Helmut Schmidt benutzte die Verabschiedung seines knapp 70jährigen Freundes am 14. März 1985 zu einer weitausholenden Erfolgsgeschichte über die Wehrverfassung und die Versöhnung von SPD und Armee und knüpfte damit an vorangegangene Anlässe, etwa den 20. August 1982 in Hannover, an. Die Freundschaft zu Berkhan ließ Helmut Schmidt an diesem Tag mit einer ansonsten im Parlament eisern eingehaltenen Regel brechen. Denn er redete den Wehrbeauftragten, der parlamentarischer Staatssekretär an seiner Seite während der Jahre als Bundesverteidigungsminister gewesen war, mit Du an. – Karl-Wilhelm Berkhan, der wie Kurt Becker und andere

Freunde des Kanzlers als junger Offizier aus dem Zweiten Weltkrieg nach Hause zurückgekehrt war, hat für mich zu den menschlich wärmsten, zugleich humorvollsten Menschen gezählt, die ich in der Bonner Politik angetroffen habe. Als er nach zehn Jahren das Amt des Wehrbeauftragten aufgab, ging eine Ära von knapp 20 Jahren, in denen außer ihm drei SPD-Politiker Bundesverteidigungsminister gewesen waren, vorläufig zu Ende.

Sein deutsch-französisches politisches Testament trug Helmut Schmidt in drei Abschnitten im Parlament vor: am 28. Juni 1984, am 5. Dezember 1985 sowie am 10. September 1986, zugleich sein Abschied vom Deutschen Bundestag. – Dabei entwarf der ehemalige Bundeskanzler im Juni 1984 die Grundgedanken einer gemeinsamen französisch-deutschen Sicherheitsinitiative, die er später in der ZEIT und 1987 in einem Beitrag des EUROPA-ARCHIV vertieft hat. Ausgehend von dem Faktum, daß Frankreich und die Bundesrepublik die Wehrpflicht beibehalten hätten, vertrat er die Auffassung, daß beide Staaten nach einer kurzen Mobilisierungsphase 30 Divisionen aufbieten könnten, die zur Verteidigung des westlichen Teils von Mitteleuropa und zur Abschreckung jeden Angriffs ausreichen würden. Danach stellte der frühere Bundeskanzler fest, daß die Bereitstellung fehlenden Materials in beiden Ländern drei bis fünf Jahre beanspruchen würde. Die erforderlichen Mittel, so Schmidts dritte Schlußfolgerung, könnten auf deutscher Seite durch den Verzicht auf eine taktisch-nukleare Doppelbewaffnung des Heeres sowie durch den Abbau der nuklearen Doppelrolle der Bundesluftwaffe erwirtschaftet werden.

Der ehemalige Bundeskanzler vertrat an diesem Tag im Parlament die Ansicht, daß 30 französische und deutsche Divisionen es erlauben würden, die amerikanische Präsenz in Europa zu verringern. Dadurch verlöre auch jede amerikanische Drohung, einseitig Truppen abzuziehen, an Bedeutung. Seinen Appell für eine Selbstbehauptung Europas, die der Exkanzler mit Reminiszenzen an Churchills Züricher Universitätsrede aus dem Jahre 1946 garnierte, beschloß Helmut Schmidt gegen Ende seiner Ausführungen mit dem Satz: »Die Zeit ist reif für einen französisch-deutschen gemeinsamen Ansatz auf dem Felde der Verteidigung.«

Einige dieser im Juni 1984 geäußerten Gedanken, deren weitere Propagierung ein Zeitungsstreik und der Beginn der parlamentarischen Sommerpause unterbunden hatten, griff der frühere Kanzler im Dezember 1985 wieder auf, als er zum vorletzten Mal ans Rednerpult im Deutschen Bundestag trat. Schmidt warnte vor einer Verschlechterung der deutsch-französischen Beziehungen und zitierte Jean-François Poncet, der wenige Tage zuvor im »Figaro« geschrieben hatte: »Regelmäßige Treffen, Höflichkeiten und Dementis ändern nichts an der Tatsache, daß die deutsch-französischen Beziehungen nicht mehr das sind, was sie einmal waren.« Der ehemalige Bundeskanzler trat daher dafür ein, daß freundschaftliche Kontakte und Verständigung zwischen den wichtigen Persönlichkeiten der politischen Klasse beider Länder erarbeitet werden müßten, um Dissonanzen in Fragen wie SDI, der neuen GATT-Runde, dem europäischen Kampfflugzeug, dem Streit um die Raumstationen Columbus bzw. Hermès, EUREKA oder der Verzögerung beim Bau eines gemeinsamen Beobachtungssatelliten zu überwinden.

Diese klaren Aussagen zugunsten einer engen deutsch-französischen Zusammenarbeit steigerte der ehemalige Kanzler dann noch einmal bei seiner letzten Parlamentsrede am 10. September 1986. Unter dem Beifall aller Fraktionen, wenn man von den Grünen einmal absieht, sagte Helmut Schmidt: »Wenn die Vereinigten Staaten ›unser wichtigster Bündnispartner sind, so ist Frankreich unser engster Verbündeter und muß es bleiben‹.« Der ehemalige Kanzler bekannte dann, die Initiativen von Charles de Gaulle zur europäischen Selbstbehauptung zu Beginn der 60er Jahre in ihrem Kern nicht recht verstanden zu haben. Durch die Präambel des Deutschen Bundestages zum Vertrag von 1963 sei der Ansatz des Franzosen verwässert worden, der europäische Zug danach auf Nebengleise geraten.

Einem persönlichen Credo zu seiner Sicht von Europa entsprach dann das, was Helmut Schmidt zur Geborgenheit des Menschen in dieser alten Kulturlandschaft sagte. Sie existiere auf dreifache Weise, durch die Geborgenheit in der Familie, in der Heimat sowie im Nationalstaat.

Je mehr sich seine großartige Rede ihrem Ende näherte, um so mehr tauchten in ihr jene Namen von Menschen auf, die die parlamentarische Laufbahn des Hamburgers seit 1953 begleitet hatten. Parteizugehörigkeit spielte dabei keine Rolle. Wieder einmal galt das Kriterium, ob man ein »ganzer Kerl« ist. Schmidt nannte den Freiherrn zu Guttenberg von der CSU und Rainer Barzel von der CDU, Erich Mende von der FDP bzw. CDU und viele, viele andere. Knapp 40 Jahre Geschichte der Bundesrepublik, über Personen vermittelt, liefen noch einmal vor dem Auge des Zuschauers und Zuhörers ab, als Helmut Schmidt an die Deutschen appellierte, »die Teilung auszuhalten«.

Und ich fühlte mich an viele vorausgegangene Reden des Kanzlers erinnert, als er gegen Ende seiner Rede das Problem der politischen Führung ansprach. Helmut Schmidt sagte: »Wir Deutschen bleiben ein gefährdetes Volk, das der politischen Orientierung bedarf. Das Leiden der Teilung bringt immer wieder die Gefahr, daß die ohnehin gegebene deutsche Neigung zum gefühlsmäßigen Überschwang gefährlich durchbricht. Deshalb bedürfen wir Deutsche der abwägenden Vernunft, der politischen Ratio als einem notwendigen Gegengewicht in der Ausbalancierung unserer nationalen, sagen wir genauer: nationalstaatlichen Anomalie. Teilung gleich Anomalie.«

Den Kommentar, den ich zu Helmut Schmidts letztem Auftritt vor dem Deutschen Bundestag für den Deutschlandfunk geschrieben hatte, schickte ich, von meiner bisherigen Gewohnheit abgehend, an das Büro des Altbundeskanzlers. Der Büroleiter Helmut Schmidts, mit dem ich mittlerweile das Kriegsbeil begraben hatte, schrieb mir zurück und teilte mir dabei mit, daß der Chef meinen »gelungenen Kommentar« gesehen hätte.

Wenn ich heute an meinem Schreibtisch sitze, der unweit des Bundeskanzleramtes am Rande des Bonner Regierungsviertels steht, blicke ich in Momenten auf, in denen der Lärm von Hubschrauberrotoren zu mir herüberdringt. Dann weiß ich, daß der Hubschrauber vom Typ »Puma« mit dem Bundeskanzler an Bord in wenigen Sekunden abheben wird, um ihn nach Bonn-Wahn oder zu irgendeinem anderen Platz in der Bundesrepublik zu bringen. Bevor ich mich erheben kann, entschwindet die Maschine auch schon mit einem satten Brummton, der schnell verfliegt. Ich schaue ihr nach, und die alten Geschichten fallen mir wieder ein.

Nüchtern betrachtet ähnelt auch die moderne Massendemokratie dem mittelalterlichen deutschen Reisekönigtum. Zwar hat der Bundeskanzler einen festen Regierungssitz. Daneben unterhält er aber auch zahlreiche »Pfalzen« in Gestalt von Staatskanzleien in den Bundesländern, die fortwährend aufzusuchen sich empfiehlt, in Form eines Wahlkreises, der gepflegt werden muß, oder jener Orte, an denen die großen Arbeitnehmer- und Arbeitgeberorganisationen des Landes residieren. Er ist somit fortwährend unterwegs, um Identität zu stiften, die Geschäfte der Innen- und Außenpolitik zu besorgen und damit den großen Personenverbund zu organisieren, der auch die moderne Massengesellschaft der Gegenwart ausmacht. Wünsche und Petitionen werden an den Kanzler herangebracht, von Parteifreunden, Pressure-groups und Einzelnen. Und nur an dieser Stelle liegt vielleicht der Unterschied zu früheren Zeiten, nämlich daß die Ubiquität, die der heutige Regierungschef dank moderner Transportmittel besitzt, ihm das Zusammenfassen aller administrativen Vorgänge an einem Ort gestattet, im Bundeskanzleramt. Urkunden werden in Bonn ausgestellt.

Der Hubschrauber, der nun das Siebengebirge erreicht hat und hart am Gästehaus der Bundesregierung vorbeifliegt, das auf dem Petersberg liegt, ist mittlerweile nur noch als ein kleiner Punkt am Horizont zu sehen. Aber wie in einem Film tauchen nun plötzlich jene Bilder auf, die ich, zwei Meter hinter dem Kanzler, beim Einmarsch in die Hallen der Bundesrepublik, unter den erwartungsvollen Blicken der Massen, immer wieder erlebt habe, dieses nach gleichem Muster ablaufende Zeremoniell jenes Bades in der Menge, das der Vollblutpolitiker am meisten liebt. Denn wenn er mit einem entsprechenden Instinkt ausgestattet ist, ist er der permanente Wahlkämpfer.

Noch einmal höre ich die unverwechselbare Stimme von Helmut Schmidt beim Vorgespräch in einem kleinen Raum hinter der Tribüne, das mit dröhnendem Schulterklopfen und angedeuteten Boxhieben als Beweis der Freundschaft mit einem politischen Weggefährten eröffnet worden ist. Danach entspinnt sich der folgende Dialog. Der Kanzler: Ist der Saal voll? – Jawohl, Helmut. – Wie ist die Stimmung? – Hervorragend. – Gibt es Störer? – Ja, etwa ein Dutzend Chaoten. Aber die haben wir im Griff. – Haben die Flugblätter verteilt? Ich brauche eines zum Zitieren. – Ja, eins. Hier ist es. – Was sind bei euch die Themen? – Du solltest unbedingt etwas zu den Mieten und zum BAFöG sagen. Die Leute sind etwas verunsichert. – Müssen wir jetzt rein? – Nein, wir haben noch zwei Minuten Zeit. Zuerst spricht Walter, dann bist du dran, Helmut, und dann kommt Egon. Du solltest nicht unter 50 Minuten bleiben. – Na, dann wollen wir mal los.

Während der erste Vorredner beginnt, ist von dem Hubschrauber nichts mehr zu sehen, der sich nun wohl schon auf der Höhe von Bad Honnef befindet. Noch einmal sitze ich in meinen Erinnerungen in der Maschine, dem Kanzler gegenüber, aber zugleich auch auf Distanz zu ihm. Denn wenn er, den Kopfhörer über seine Elbseglermütze gestülpt, während des Fluges Akten studiert, ist er unversehens von seinen Begleitern wieder weit entfernt.

Wie in einem großen Laboratorium der Geschichte fühle ich mich auf einmal, kommt mir unwillkürlich das Motiv des »vivit et non vivit«, also die Sage vom fortlebenden Kaiser in den Sinn, als ich den Bundeskanzler von der Seite ein wenig anblinzle, der mit hochgezogenen Augenbrauen den Inhalt eines gelben Aktendeckels studiert, an den ein rosafarbener Zettel geheftet ist, auf dem »Sofort« steht.

Erneuter Szenenwechsel, wir sind wieder in der Halle. Der Kanzler blickt mich fragend an, und ich reiche ihm die Mappe mit seinem Redetext hinüber. Geblendet vom Scheinwerferlicht und unter dem Tusch einer Blaskapelle geht der Kanzler nun zum Rednerpult. Eine atemlose Stille senkt sich über den Saal, als Helmut Schmidt seine Rede mit dem Satz beginnt: Meine sehr verehrten Damen und Herren und – wenn Sie mir diese Ergänzung gestatten – aber bitte nur für die, die es betrifft: meine lieben Genossinnen und Genossen ...

Personenverzeichnis

Der Name Helmut Schmidts wurde nicht aufgenommen